会社法創設と中小会社への影響

非公開会社法のやさしい解説

コンパッソ税理士法人［編集］　筑波大学大学院教授 弁護士　大野正道［著］

COMPASSO BOOKS No.1

コンパッソブックスの創刊に当たって

　アメリカのサブプライムローン問題から出発して、石油価格の高騰、各種原材料の高騰、国際諸問題など、色々な諸要素から、間違いなく日本の中小企業は大変困難な時代を迎えています。総務省の統計資料からも、中小企業数は約419万件で、数は減少しても、全体の中で99.7%の割合は21世紀に入っても変わらない状況です。

　今世紀に入って6年で企業数は49万2,969件減少、内49万1,889件が中小企業の減少数です。本年7月までのわずか半年で500万円以上の倒産件数が4,785件（12％増）、5,000万円以上の倒産件数に至っては25％増です。また、リーマン・ブラザーズの破綻やAIG生命のニュースのように大変厳しい経営環境の中で、ピンチをチャンスにとたくましく頑張っている中小企業も多数存在することも確かであります。

　このような大変厳しい状況下で、わがコンパッソ税理士法人は、中小企業の期待とニーズに応え、成長発展のために寄与するために、国家的・国際的視野から、経済・経営・会社法のみならず各種法律や税務諸問題等幅広い分野の書籍を作成し、これをコンパッソブックスとして世に問うものであります。

平成20年10月

　　　　　　　　　　　　　　　　　　　　コンパッソ税理士法人
　　　　　　　　　　　　　　　　　　代表社員　　内川　清雄
　　　　　　　　　　　　　　　　　　　同　　　　白井　輝次
　　　　　　　　　　　　　　　　　　　同　　　　丹羽　篤

は し が き

　本書は、コンパッソブックス・シリーズの第一弾として、平成17年に成立し、平成18年5月1日に施行された新「会社法」についてのやさしい解説、とりわけすべての種類の株式の譲渡につき定款で株主総会の承認を得ることを要する旨の制限が定められている株式会社、すなわち「非公開会社」に関する解説を、昭和49年商法改正以降の会社立法の背景・経緯に係わる証言を交えて一冊に纏めたものである。

　本書の来歴を述べると、㈱税経の発行している旬刊誌『税と経営』に、平成17年8月1日号（1560号）から平成18年7月1日（1590号）まで20回にわたり私が連載した原稿が基になっている。この間に右の賢臓を摘出する手術をするというトラブルも生じ一時休載に至ったが、無事約1年間で当初の予定どおり完結することができた。

　この連載が完結した後、私は勤務する筑波大学大学院ビジネス科学研究科企業法学専攻の講義（修士課程）である『非公開会社法』（2単位）の教材とするため、小冊子に纏め私家本として平成18年8月25日に㈱税経から刊行し、9月から始まる講義で使用した。

　この小冊子が院生や献本した方々に好評であったことから、これに加筆・訂正を加え、さらにアップ・ツウ・デイトにするための作業を施して、市販本として皆様の評価をいただきたいと思い、今回、コンパッソブックスとして上梓するものである。皆様の期待に応えることができれば幸いである。

　最後に、本書の企画・編集にあたられた財経詳報社の富高克典社長に深く感謝申し上げる。

平成20年10月

　　　　　　　　　　　　　　　　　　　　　　　大野　正道

目　次

第1話　会社法制定の意義………………………………………… 2

第2話　株式会社の発生と産業資本……………………………… 6

第3話　非公開会社（中小会社）の定義………………………… 10

第4話　非公開会社と準組合法理………………………………… 14

第5話　株式会社の設立…………………………………………… 18

第6話　非公開会社の定款の効力………………………………… 22

第7話　株式の本質について……………………………………… 26

第8話　株式の相続準共有………………………………………… 30

第9話　株式の譲渡制限…………………………………………… 34

第10話　株式と企業承継…………………………………………… 38

第11話　非公開会社と種類株式…………………………………… 42

第12話　非公開会社における自己株取得（株主の退社）……… 46

第13話　非公開会社における株式の評価（補償条項）………… 50

第14話　非公開会社の機関の概略………………………………… 54

第15話　非公開会社と株主総会…………………………………… 58

第16話　非公開会社の取締役（取締役会）……………………… 62

第17話　会計参与について………………………………………… 66

第18話　非公開会社における計算書類の公開…………………… 70

第19話　特例有限会社の存続……………………………………… 74

第20話　特例有限会社の特質……………………………………… 78

第1話　会社法制定の意義

❶　会社法の現代化

　会社法の制定理由について、時代の変遷に対応した「現代化」を実現するというのが最大の目的であると、通常国会では説明されている。確かに、平成6年改正以降になされた会社法（旧商法）の改正の経緯を考えてみると、従来の枝番号の多い継ぎ接ぎだらけの旧商法の条文を整理したことは認められるとしても、それだけでは現代化とは言えないだろう。今回の立法の最大の目的が閉鎖会社、すなわち「非公開会社」のための会社法を作ることに力点が置かれていることは歴然としている。旧商法の編別、章立てを完全に無視して立法がなされているのは、なによりもその証左である。会社法第1条は、旧来の商法と異なり、会社法の制定の趣旨を「会社の設立、組織、運営及び管理については、他の法律に特別の定めがある場合を除くほか、この法律の定めるところによる。」と規定し、単行法として明治32年商法制定以降の積み重ねられてきた法令および学説・判例の総決算であることを高らかに宣言している。

　もっとも、この会社法の制定に際しては、実質上、「会社法」は法務省と経済産業省の共管のような取扱いがなされていることを無視し得ないであろう。会社法第2条は、法務省の所管する法律としては極めて異例なことであるが、会社法で使用される用語の意義について定義規定を設けている。この点においては、経済産業省の所管する割賦販売法や公正取引委員会の所管する独占禁止法と同様に、会社法の位置づけは実質的には一般の経済法規と異なる点がないことを明確にしている。ちなみに、イギリス会社法は、日本の経済産業省に相当する貿易産業省（DTI: Department of Trade and Industry）によって策定されてきた。

　これは余談であるが、平成17年7月4日、東京大学商法研究会の定例の会合が赤坂の中華料理店で催された際、挨拶に立った江頭憲治郎教

授（法制審議会会社法（現代化関係）部会の部会長を務めた）はまるで他人事のように「会社法には、要綱に記載されていないことも規定されているし、また、要綱に記載されていることで規定されなかったものもある」と述べたのである。江頭教授としては、その原因を要綱の条文化の段階における不備にあると指摘したいようであったが、事情通の某教授や中小企業団体の関係者から聴いた限りにおいては、要綱を法案化する作業において、経済産業省から法務省民事局付として派遣された30歳代の課長補佐（現在は弁護士）が辣腕を振るい、法務省の立法担当官を捻じ伏せたのが真実らしい。もし、この推測が正しいとすると、今後、会社法の管轄が法務省と経済産業省の共管、さらには経済産業省の単独所轄へと次第に移る時代が近づいているのではないかと思わざるをえない。

❷ 会社法の特徴

会社法の最大の特徴は、第2条で「定義規定」を設けていることである。本書に関する定義規定としては、「公開会社」が重要である。会社法第2条5号は、「公開会社」の定義として、「その発行する全部又は一部の株式の内容として譲渡による当該株式の取得について株式会社の承認を要する旨の定款の定めを設けていない株式会社をいう。」と定めている。反対に、定款に譲渡制限を定めた株式会社は、「公開会社」ではなく、学術上は「非公開会社」ということになるが、この定義規定は実質的に定款で株式の譲渡制限の設けられた非公開会社を先に特定し（要綱では「株式譲渡制限会社」であった）、その定款の定めのない株式会社を後で公開会社として定義している点で極めて象徴的な意義を持っている。

また、会社法第2条17号では、「譲渡制限株式」として、「株式会社がその発行する全部又は一部の株式の内容として譲渡による当該株式の取得について当該株式会社の承認を要する旨の定めを設けている場合における当該株式をいう。」と定めているのであり、この定義規定の趣旨

から学術上の「非公開株式会社」を実務上では「譲渡制限株式会社」ということもできるであろう。

　これまで一般的には株式会社の典型としては上場株式会社を念頭に入れてきたが、わが国の圧倒的多数の株式会社が中小規模の非公開の株式会社であることは周知の事実であった。今回の会社法の立法では、基本的には公開会社（public limited company）と私会社（private company）を区別するイギリス会社法に倣い、公開株式会社と非公開株式会社を両者ともに株式会社として一つの法律（会社法）の中において規律することにして、両者で差異があり区別して取り扱うべき点については、定款に当該会社にとって必要な定めをおくことにより、別異に取り扱うことで対処する立法形式を採用した。このように今回の会社法の制定に当たっては、定款の定めるところに従って、任意に会社の機関を構成することができ、また、任意にその運営を行うことができるようになり、「定款の自治」が大幅に認められることになった。

　このことを明確にしているのが会社法第29条である。第29条は、「株式会社の定款には、この法律の規定により定款の定めがなければその効力を生じない事項及びその他の事項でこの法律の規定に違反しないものを記載し、又は記録することができる。」と定めており、いわゆる「定款の任意的記載事項」が定款としての効力を有する旨を明らかにしている。これからの法律実務家の課題は、定款に定められる新しい条項の法律解釈を行うとともに、自ら株主および株式会社にとって魅力的な定款規定を作り出し、かつ、普及させることにあると思われる。

　定款に「任意的記載事項」を盛り込むことができるということは、従来の学説では、アメリカ閉鎖会社法理においては株主間契約（shareholders' agreement）を附属定款（by-laws）に定めることであり、イギリスの私会社においては通常定款（articles of association）のA表（Table A）に別段の規定を挿入することである。この会社法の規定は多大な効用を同族会社（非公開会社）にもたらすであろう。たとえば、株主間に紛争が発生する場合に備えて、株主間契約をあらかじめ定款に

定めておけば、当該株式会社および株主全員を拘束する契約としての効力が生じることになる。この点において会社法第29条は「革命的な会社法理論の転換」を示唆している。

❸ 特例有限会社の存続

　会社法の施行日（平成18年5月1日）に現に存在する有限会社は、「特例有限会社」として存続することができる。この点は「会社法の施行に伴う関係法律の整備等に関する法律」に定められており、以後、本書においては「整備法」と称することにする。整備法第2条1項は、第1条3号で有限会社法（昭和13年法律第74号）が廃止されるので、この旧有限会社法の規定による有限会社であって整備法の施行の際に現に存するもの（旧有限会社といわれる。）は、整備法の施行日以後は、第2節（有限会社法の廃止に伴う経過措置）の定めるところにより、「会社法」の規定による株式会社として存続するものとする、と定めている。簡単に述べると、現在の有限会社は、有限会社法が廃止されるので、「特例有限会社」という名称で存続するが、「会社法」のみしか会社法がないので、今後は「会社法」における株式会社として取り扱われるのが原則であるとしても、整備法の第3条から第46条の特例措置が適用になるということである。

　この特例有限会社については、将来株式会社に統合されるということはまったく定められていない。H名古屋大教授が5年以内に株式会社に統合すべきであるという意見を述べたが、会社法部会ではまったく無視されたといわれている。E東京大学教授は、100万社以上の有限会社が株式会社に移行すると述べたといわれるが、中小企業関係者の間では冷ややかに受けとめられている。会社法の施行から2年半余りが経過するが、この二人の部会の委員にはわが国が継受したドイツの有限会社法の研究歴がなく、そのため見通しを誤ったと思わざるをえない。

第2話　株式会社の発生と産業資本

❶　大塚史学の誤謬

　一般の会社法の教科書には、現在に至る株式会社の起源を1602年3月20日に設立されたオランダの東インド会社であるとされていることが多い。このような見解は、経済史学における大碩学である大塚久雄博士の名著「株式会社発生史論」(『大塚久雄著作集第1巻』昭和44年、岩波書店)の影響を受けているものと思われる。しかし、私のようにイギリスの株式会社、とりわけ私会社(private company)の研究から会社法学者としての人生を始めた者にとって、重商主義時代の前期的商業資本による勅許会社に、現代株式会社の起源を措定することは到底納得できるものではない。現代株式会社の起源は、やはり自由主義時代の産業資本の確立に求めなければならないと思う。

　大塚博士は自ら認めるように自家撞着に陥っているのであり、次の引用箇所が明瞭にそのことを物語っている。「ところで、かく推論を進めつつもわれわれは直ちにひとつの撞着に気づくであろう。すなわち、事実が以上のごとくであるならば、会社形態の発生は資本主義(すなわち産業資本)が制度として確立せられ、かつある程度の発展を遂げてからのことでなければならないし、また特に株式会社の発生のごときは、産業資本の集積・集中がすでにかなり高度に進展せる時、おそらく19世紀のことでなければならないであろう。事実、株式会社が決定的な重要性をもち、支配的な企業形態となったのはまさにこの頃であった。しかるにおいて、(中略)当面の問題たる『株式会社の発生』は産業資本が一般にいまだ小規模なマニュファクチャーの段階に止まっている17世紀においてすでに成しとげられていたところである。これは何故であろうか。」(大塚・前掲書32頁)。

　ここで大塚博士は論理を飛躍させる。「このことをわれわれは、いう

までもなく、上述したように本来の『資本』（近代的資本）すなわち、産業資本—その循環の一部の独立せる近代的商業資本およびそれらの循環の媒介をなせる利子付資本をも含めて—の集積・集中より説明することは不可能であろう。しかりとすれば、われわれは『本来の資本』（すなわち資本主義）以前にすでにひろく蟠踞していたところの『前期的資本』すなわち前期的商業資本および高利貸資本の法則に赴くより外に道はありえない。かくして、われわれはしる『株式会社の発生史』はこの前期的資本の集中過程として理解せられねばならないのであると。」（大塚・前掲書33頁）。

このように大塚博士は、前期的商業資本、すなわち重商主義時代の勅許会社に株式会社の発生を遡らせるのであるが、私としては、あくまでも現在に至る株式会社の起源を産業資本の確立の時期に求めなければならないと思う。実は経済史学においては、イギリスの19世紀に現代株式会社制度の発生を位置づけるのが通説であり、大塚説は一つの異説にすぎないことは、大塚博士自身が認めるところである。

❷ 19世紀中葉におけるイギリスの会社制度

大塚博士の見解は、前期的商業資本をもって株式会社の起源とするが、この学説の誤りは19世紀初頭の泡沫条例の存在を軽視している点にある。すなわち冒険企業を典型とする前期的商業資本は南海会社の破綻、いわゆる南海泡沫（South Sea Bubble）を契機に消滅していくのである。これを恐竜の絶滅にたとえることができるとすると、今日地上を支配している哺乳類の祖先はその当時ねずみのような存在であってその後進化を遂げていくのであるが、「株式会社の発生」においては『ジョイント・ストック・カンパニー』がこれに相当するであろう。

W.R.Scottは、イギリスの初期ジョイント・ストック・カンパニーに関する詳細な研究を1910年から1912年に公表し、その制度の源泉は、第1に16世紀半ごろ以降の『制規組合制度』（regulated company）であり、第2は中世より伝えられた『パートナーシップ』であるとした。

この制規組合の内部に発生したパートナーシップが次第に拡大し、つい に制規組合のカンパニー的外枠に癒合してその法人格を獲得するに至っ たものがすなわちジョイント・ストック・カンパニー制度なのである。 このように、スコットは、パートナーシップ制度が制規組合のギルド的 外枠に接木せられたという事実の中に、ジョイント・ストック・カンパ ニーの生誕を求めたのである。

　そして、このスコットのシェーマは、現在一般に、イギリスにおける 「株式会社」発生の母胎を指し示すものと考えられている（大塚・前掲 書71頁～72頁）。そして、1844年の『joint stock company 条例』お よび1855年の『有限責任条例』によって、その設立の『特許主義』か ら自由な『準則主義』に移っていった。かくしてイギリスの株式会社 （limited liability company）は特殊イギリス的なジョイント・ストック・ カンパニーという制度を完全に離脱したのである（大塚・前掲書520頁）。 W.R.Scottの主張するように、現代株式会社の発生を19世紀中葉にお ける政治的には自由主義の成熟、および経済的には産業資本の確立のと きに求めるのが最も正しいと思われる。もし、経済史学のこの学説を採 用するならば、会社法学においてもこの時期に会社理論について大転換 があったことを立証する必要があるが、この点については第4話におい て取り上げる。

❸　わが国における戦後の株式会社の群生

　このようにイギリスでは、先進資本主義国であり、会社制度がその経 済的必要性から自然発生的に芽生え、法律（一群の会社法制）がそのよ うな事態を後から追随するに至ったのである。かような会社法の基礎が 確立したのは1856年の会社法総括法であり、1862年には会社法 （Companies Act）と略称される初めての法律が制定された。その時期 がまさに自由な産業資本主義の最盛期であったことは単なる偶然として 見逃すことはできない。株式会社制度という構築物は、資本家がまさに 血と力によって獲得したものであり、大規模な株式会社や国家の独占物

ではないのである。

　では、ドイツやわが国などのような後進資本主義国ではどのような事情であったのであろうか。この場合には、すでに他国で成功し完成度の高い会社制度が、国家の側から与えられることになった。その際に、株式会社制度は、大規模な公開会社のために用意されたのであり、中小会社（非公開株式会社）の存在は予定されていなかったのである。その後、昭和13年にドイツで創造され非常に成功を収めた有限会社制度がわが国に導入された。しかし、当時のわが国では、経済分野における財閥の力が圧倒的に強大であり、自由な産業資本が未成熟の段階にあったので、零細な産業資本家が自らの望む会社形態を利用するという実業同志会などの運動はついに実を結ぶには至らなかった。

　ところが、第2次世界大戦の終了後、占領軍の指令で経済民主化が進むにつれて、中小会社であっても株式会社形態を利用して設立されるという法律的には「病的な」現象が数多く生じたのである。この事態を否定的に捉えるならば、まさに会社形態の濫用であり、平成2年商法（当時）改正によって「一人会社」が法律上認知されるまでは、長い間、否定的な見解も強かったのである。しかし、イギリス法の経緯を知るならば、わが国が経済民主化を経て自由な産業資本主義体制に移行したという経済構造の変化に適応したその意味では、まさに「健全な」事態というべきである。敗戦を体験した結果であるとするならば、わが国においても、市民（資本家と国民）が血によって購った獲得物である。イギリスでは19世紀中葉に漸次に生じた事態が、わが国では1世紀遅れて20世紀中葉以降に急激に生じたということである。

　もっとも、このような法制史的な分析には、法解釈学および経済史学の立場から批判を受けることも予想される。19世紀中葉のイギリスと20世紀中葉のわが国を同様に比較したのは、望ましい会社形態を要求した運動の主体（産業資本家）が置かれた客観的状況および主体の強弱の差異が一応ではあるが似通っていたためであることのみを述べておく。

第3話　非公開会社（中小会社）の定義

❶　会社法による定義

　新しく制定された会社法においては、法務省所管の法律としては極めて異例であるが、第2条において、重要な事項と思われるものについて34の定義規定を定めている。このうち、非公開会社にとって最も関連が深いのは「公開会社」の定義である。会社法第2条5号において、「公開会社」とは、「その発行する全部又は一部の株式の内容として譲渡による当該株式の取得について株式会社の承認を要する旨の定款の定めを設けていない株式会社をいう。」とされている。すなわち、株式の譲渡について、株式会社の承認を要する会社を先に想定し、この定めのない会社を公開会社と定義するわけである。したがって、株式の譲渡について、株式会社の承認を要する会社をどのように呼ぶべきか、何も規定されていないのである。そこで、このような会社を「公開会社でない株式会社」という奇妙な規定も散見される。

　しかし、法律用語として定義規定を設ける意味は、ある事実とか組織の意味について、この場合には、会社の形態について、一義的に明瞭な定義規定を設け、読む人にとってわかりやすい用語を用いることにある。そうであるとするならば、「公開会社でない株式会社」という定義はこのような定義規定を定める本来の意図に反している。私は、より直截的に「非公開会社」という定義規定を採用すべきであると考える。本書において、以後、「非公開会社」という定義を採用する。非公開会社とは、「その発行するすべての種類の株式の内容として、譲渡による当該株式会社の取得について株式会社の承認を要する旨の定款の定めを設けている会社」ということが、会社法第2条5号の反対解釈として導き出される。

　なお、譲渡制限株式会社という用語も実務上使用することができるだろう。会社法第2条17号は、譲渡制限株式として、「株式会社がその発

行する全部または一部の株式の内容として譲渡による当該株式の取得について当該株式会社の承認を要する旨の定めを設けている場合における当該株式をいう。」と定めている。仮に、「公開株式会社」と「非公開株式会社」という2種類の株式会社が会社法上存在するという学説が学術上正しいと認められるとしても、その区別は株式の譲渡制限が定款で定められているか否かによってなされるのであるから、学術上の「非公開会社」を実務上は「譲渡制限株式会社」と称しても誤りではないと思われる。

❷ 非公開会社という定義規定の由来

　私が、「非公開会社」という用語を株式の譲渡制限が定められた会社を意味するものとして定着させたのは、平成14年5月のことである。私が監修者を務めている加除式出版『非公開会社の実務と対策』（第一法規）の序編において、旧商法のもとにあって、非公開会社の商法上の定義を以下のように述べている。すなわち、「わが国の株式会社制度は、商法という単一の法律において、公開会社と非公開会社の2つの会社形態を認容しており、かつ、非公開会社に限定する有限会社という会社形態も認めているので極めて複雑な構造になっている。整理すると、公開会社とは、株式会社で株式の譲渡制限が定款で定められていない会社を意味し、非公開会社とは株式会社であって、株式の譲渡制限が定款で定められている株式会社（旧商法204条1項但書）および有限会社を意味するものとして分離して分類することが可能であろう。そこで、前者の公開株式会社を『公開会社』、後者の非公開株式会社および有限会社を一括して『非公開会社』と定義して、両形態の会社組織のあり様について区別して分析することを目的とする。」。そして、平成16年4月に刊行された『中小会社法入門』（信山社）の4頁～5頁に同様な見解を述べている。

　私の現在勤務する筑波大学大学院では、従来の会社法の講義を「株式会社法」3単位、「中小会社法」2単位に分割し、それぞれ専任の教官が

講義を担当している。他に例をみないまったく新しい試みであったが、平成2年の開設以来、すでに19年目になっている。この筑波大学の大学院（ビジネス科学研究科企業法学専攻）の「中小会社法」の講義をこの18年間一貫して担当してきたのがかく言う私である。ただし、公開会社と非公開会社について、「株式会社法」と「中小会社法」の講義という名称を付したのは、故竹内昭夫東京大学名誉教授である。竹内教授は、平成2年4月に筑波大学に配置換え以降、5年間この「株式会社法」の講義を担当されていた。

このように、中小会社という名称をもって非公開会社の定義としてきたが、今般の会社法の制定により、定義規定として「公開会社」という定義がなされ、その反面において、「非公開会社」という会社形態も定義されていると言えるので、今後は学術上で厳密性を欠く「中小会社法」ではなく、「非公開会社法」という用語を積極的に用いたいと思う。そこで、平成18年9月からの「中小会社法」の講義は「非公開会社法」と名称変更され、私が今後も引き続き担当することになっている。このように「非公開会社」という定義規定は会社法の制定により突然現れたものでなく、長年の研究の蓄積を基に使用されることに至ったものであり、まことに慶賀すべきことである。

❸ 従来の学説の誤りを糾す

山下友信東京大学教授の平成17年8月号（299号）の「法学教室」の巻頭言を読んでいて、私は吃驚してしまった。山下教授は今回の会社法第2条各号の定義規定のうち、最も注意すべきは、「公開会社」であるという。彼の見解によると、従来、「公開会社」とは、その株式が証券取引所で上場されているか、あるいは、証券会社の店頭登録で売買されている場合を意味するのであり、その株式が自由に売買できるような株式会社を意味していたのである。したがって、会社法の定義規定による公開会社は、株式の譲渡制限が定款で定められていない会社であり、従来用いられてきた「公開会社」とは異なる概念であり、要注意である

ことを述べている。

　私は、今まで公開・非公開の区別は株式の譲渡制限があるかないかで区別されていたと思っている。昭和59年に法務省民事局参事官室が公表した大小会社区分立法に関する提案もこのように公開・非公開の用語を使用していたはずである。では何故今頃になって山下教授のような見解が現れたかというと、現在でも、株式会社には、公開株式会社と非公開株式会社の2種類の株式会社が存在することが十分に納得されていないのではないかと思われる。すなわち、株式会社といえば、証券取引所等で株式が売買されているもののみを指すと思い間違いをしているのではなかろうか。このような事態を招いたのは、わが国における公開株式会社についてのみ研究するという会社法学の貧困さを物語っている。

　従来、非公開会社法の研究者は、某教授の分類によると、まず、酒巻俊雄早稲田大学名誉教授に始まり、次に、浜田道代名古屋大学教授、青竹正一専修大学教授および、私（筑波大学教授）の4人であるが、酒巻名誉教授は、早々に非公開会社の研究から監査の研究に移り、浜田教授と青竹教授は非公開会社の研究から公開会社の研究にその研究スタイルを変えてしまった。したがって、1970年代初頭から非公開会社に関する研究を現在も続けているのは、私達の年代（50歳代後半から60歳代前半）では私1人が残ったのである。もっとも、40歳代の若手の研究者も存在していないわけではなく、今後の成長が待たれるが、現時点では即戦力としてはカウントできない。

　このように、あまりにも公開株式会社だけが株式会社であるという思い込みが強いので、山下教授のような発言も出るのであろう。しかし、事情を知らない若い研究者や学生に誤った知識を与えるようなことになるならば、遺憾な発言といわなければならない。このような誤った見解が信奉された理由には、会社法学における今日では誤った理論（社団法理）の影響もあるので、この点については第4話で説明する。

第4話　非公開会社と準組合法理

❶　社団法理との決別

　旧商法のもとでの会社法学の通説は、会社を営利社団法人と性格づけていた。旧商法は、第52条1項で「本法ニ於テ会社トハ商行為ヲ為スヲ業トスル目的ヲ以テ設立シタル社団ヲ謂フ」と定め、また、第54条1項は「会社ハ之ヲ法人トス」と定めていた。それゆえ、会社を営利社団法人とする理論は、実定法上の根拠規定を持っていたので、まったくの誤りとすることはできなかった。この通説の見解は、会社における法律関係を「社団法理」のみで把握しようとするものである。そして社団法理について簡単に述べると、あらゆる会社類型について（旧商法の施行下においては合名会社、合資会社、株式会社および有限会社の4つの会社類型）、会社における内部の法律関係を会社と社員（株主）間の社員関係として整序し、その法律関係を簡単明瞭に規律しようとする会社法学説である。

　今回制定された「会社法」は、その第3条で簡潔に「会社は、法人とする。」と規定しているが、この条文の有する影響は多大なものがある。すなわち、従来のように、会社を営利社団とする規定（旧商法のもとでは第52条1項）が削除され、会社の法人性の規定（旧商法のもとでは第54条1項）のみが残ったのである。従来の通説と反対説の間における学説間の争いは、おもに会社の「社団性」の意義について論争を展開してきたものであり、「会社法」が「会社の社団性」を廃棄し、社団法理と決別したことは、まさに会社法学におけるコペルニクス的転回と言ってよいであろう。

❷　鈴木会社法学と社団法理

　従来の通説であった「社団法理」は、正確に言うと平成2年の商法改

第4話　非公開会社と準組合法理

正でもはや命脈を絶たれていたのである。「社団」という以上は複数人の集まりを意味するのが当然と思われるが、事実、この平成2年の商法改正で社員（株主）が一人の株式会社と有限会社が設立の段階から認められることになり、この時点で晴れて「一人会社」が事実上ばかりでなく、実定法（旧商法）上も認められることになったのである。したがって、理論的整合性を保つためにも、この機会に会社の社団性を規定している旧商法第52条1項を削除すべきであるという意見が会社法学者から強く主張されたのである。しかし、立法担当部局である法務省民事局の担当官は、この点については今後の学説の展開に委ねるとして規定の削除を見送ったのである。

　私は、この後においても「会社一般についての社団性」に深く疑問を持ち、後に説明するように「非公開会社の準組合性」について主としてイギリス会社法を手がかりとして、会社法の理論的な研究に手を染めることになるが、この点について研究の時間を費やす他の会社法学者はほとんどいなかった。実は「社団法理」の主唱者は誰あろう鈴木竹雄東京大学名誉教授であり、私は鈴木博士の孫弟子なのである。鈴木教授の論文集である『商法研究第Ⅱ巻』（有斐閣、昭和46年）には会社法の理論的な論文が所収されているが、その巻頭に登載されているのが「会社の社団法人性」であり、この理論こそが鈴木会社法学の真髄なのである。

　学者である以上は自己が取り組んだ研究分野で学界に対して少しでも貢献する研究成果を挙げたいと思うのが人情であろう。鈴木教授の孫弟子であるから鈴木学説を墨守するというのであるならば、独り立ちの学者ではなく、鈴木教授の単なるエピゴーネンにすぎない。また、鈴木教授の弟子であり私達の師匠である竹内昭夫東京大学名誉教授も会社法学に多大な貢献をしているのであり、竹内学説を咀嚼して解題することも、私達、竹内教授の弟子の仕事である。このような研究者としての正統派の立場を歩まず、心ならずも安易な道を歩んでいるのが悲しいことに弟弟子のK教授である。某出版社にとって売れ筋の教科書であった栄光の鈴木＝『会社法』を基本理論から問い直し、新たな会社法理論の研究を

行う時間的余裕も各種の審議会の委員を兼務している今のK教授にはない。

そこで、法律実務に重大な影響を与えた鈴木説を簡単に紹介すると、株式会社（特例有限会社）における法律関係は会社と株主（社員）間の社員関係に限定され、株主（社員）相互間には一切の法律関係はないという学説である。鈴木教授は次のように説いている。

「法的形式の問題としては、構成員が相互の契約関係によって直接結合する団体を組合、構成員が団体との間の社員関係により団体を通じて間接的に結合する団体を社団と認めるべきである。組合においては、構成員が契約によって結合するため、各構成員の権利義務は他の全構成員に対する権利義務の形をとり、したがってまた、各構成員は団体の財産上に合有権者としての物権的持分をもっている。これに対して、社団においては、各構成員の権利義務は社員の地位（Mitgliedschaft）という団体に対する法律関係の内容となり、したがってまた、団体の財産も団体自身の所有に属し、構成員は単に観念的な持分を有するにすぎない。団体の構成員間の関係を処理する方法としては、いうまでもなく社団のほうが組合よりもはるかに便宜であり、ことに多数の構成員からなる団体では、社団形式によらなければその処理はほとんど不可能である。これに対し少人数からなる団体は、組合形式によっても処理できるが、簡便な処理をしたければ、社団形式をとることも不可能ではない。会社のうちいわゆる人的会社は組合として取り扱いうる団体であるが、法は人的会社についても簡易な処理をすることとしてこれを社団と定めたのである。」（鈴木竹雄『新版会社法〔全訂第5版〕』8頁、平成6年、弘文堂）。

❸ 準組合法理の提言

私は、会社の性格について従来の議論の枠組みを廃して、社団、組合および準組合という3つの類型、あるいは理念型をもって問題を解決することを早くから提言していた。そして、問題のポイントは、会社法学の通説の採用する社団法理の限界にある、と思うようになった。社団法

理は、典型的な株式会社とされる公開会社（上場会社・店頭登録会社）については妥当であるとしても、非公開会社（非公開株式会社・特例有限会社）において生ずる法律問題をうまく処理することができない。その理由は極めて単純なことであるが、非公開会社は、社会学的実態からみて社団ではないからである。むしろ、非公開会社の実態を組合と把握するほうが妥当な場合が多いのである。

　もっとも、私見の立場は、より正確には、会社の内部関係を組合に準じて規律する準組合法理（quasi-partnership doctrine）の適用を主張するものである。単純な組合法理では、民法の組合と同様に、社員（組合員）相互間にのみ法律関係を認めるだけであって、会社と社員（組合員）間の法律関係（社員関係）の存在は認められない。これが厳密な意味における組合法理である。これに対して、準組合法理とは、会社と社員間に社員関係を認めるとともに、株主（社員）相互間においても法律関係の存在を認めるという会社法理論である。その意味では、非公開会社はあくまでも株式会社（特例有限会社）であって、法律上は決して民法上の組合ではない、と断ぜざるを得ない。

　この準組合法理は、旧商法が施行されていたときにおいても、私見では解釈論として主張されていたものであるが、会社法第3条の規定から「社団」の用語が消えたので、私の見解が採用されたと言えるとともに、閉鎖会社（非公開会社）立法の課題とされていた竹内教授や江頭憲治郎早稲田大学教授の見解が採用されたとも言えるであろう。

　この学説が採用されると、非公開会社、とりわけ同族会社において、株主間の紛争が生ずる場合に備えて株主間契約（shareholders' agreement）をあらかじめ定款に定めておけば、契約としての効力が認められることになる。会社法第3条で社団理論が実質的に廃棄されることになり、あわせて第29条で定款に「任意的記載事項」を書き込めることが明らかになったので、今後、多様な定款規定が出現することであろうと思われ、定款作成実務の革新に向けて弁護士や司法書士等の法律実務家の活躍が期待される。

第5話　株式会社の設立

❶ 設立行為の法的性格

　第4話で説明したように、非公開会社において株主相互間に契約関係の存在を認めるためには、会社における基本的な法律関係を定める定款において、その契約関係の存在が認められなければならない。従来、非公開会社の内部関係における組合に準ずる法律関係の存在が等閑視されてきた一因には、非公開会社の存在をほとんど無視してきたわが国の会社法学者の怠慢とともに、会社の設立における定款作成行為の法的性格を漫然と合同行為と理解してきた会社法学の通説にも責任の一端があると思う。

　「合同行為説」は、定款作成行為における原始社員（発起人）の会社設立という目的実現に対する並行的な行為の集積の結果として定款の成立を基礎づけ、かくして会社と各社員間におけるいわゆる「社員関係」という法律関係の存在を基礎づけることができる。このように合同行為説は、定款作成行為における各原始社員の会社に対する同一方向の法律行為の集積を認めながらも、この原始社員相互間における法律関係の存在は否定する。そして、これを「発起人組合」と理解して、会社の成立後は解散すると考えるのである。

　これに対して、「契約説」は原始社員（発起設立の発起人）間の組合契約の履行行為として、会社の設立を理解し把握する。すなわち、原始社員（発起設立の発起人）の間には会社設立を目的とする「組合契約」が結ばれ、ここに原始社員（発起設立の発起人）間の法律関係が結ばれる。この「組合」が設立の登記を終えることによって会社が成立し、従来の組合契約は社員（株主）相互の法律関係に転換されるとともに、新たに組合が法人格を得たことによって会社と社員（株主）の間には、「社員関係」という法律関係が発生する。

このように考察を進めてくると、果たして通説が金科玉条のように信奉している会社設立における合同行為説は、非公開会社に関する限りにおいて、事の実態を正確に反映しているか甚だ疑問である。

❷ イギリスの実定法の説明

イギリス 1985 年会社法第 14 条 1 項は次のように規定している。
[Effect of memorandum and articles]
 Subject to the provision of this Act, the memorandum and articles, when registered,

　bind the company and its members to the same extent as if they respectively had been signed and sealed by each member, and contained covenants on the part of each member to observe all the provisions of the memorandum and of the articles.

これを訳すると、イギリス 1985 年会社法第 14 条 1 項は、基本定款および通常定款は、それが登記されたとき、各株主が署名捺印し、かつ、そのすべての規定を遵守する旨の条項を記載した場合と同一の範囲において、会社および株主を拘束する、と規定している。本条は、あたかも株主相互間で「契約」が締結されたかのように考えて、この契約に基づいて定款の拘束力を認めるものである。ただし、株主相互間の法律関係だけでなく、会社が独立の法人格を有する以上、会社と株主間（社員関係）においても契約としての効力が認められて、法律関係が生ずるのは当然のことである。

このように株式会社の定款の効力について契約法理で理論構成がなされているのは、すでに「第 2 話　株式会社の発生と産業資本」で説明したように、イギリス近代株式会社の沿革が、19 世紀中葉以降、組合が法人的特性ないし属性を漸次獲得してきた歴史といえるのであり、現在でも、株式会社法の基本構造において、公開会社（public limited company）であっても非公開会社（private company）であっても、依然として組合法的原理に多くを負っているからである。

この見解を敷衍するために以下に引用する文章は、元来、東京大学大学院の修士論文として昭和48年の秋に私が執筆したものを加筆修正し、当時の勤務校の紀要に昭和55年7月に掲載したものである。
　「定款に定められた事項は会社および社員を拘束する法律上の効力を有している。（中略）このような契約的な理論構成がとられているのは、イギリス近代株式会社法の沿革が、組合（partnership）が法人的特性ないし属性を漸次獲得してきた歴史といえるのであり、株式会社が今日でもその基本的構造において依然として組合法的な原理に多くを負っているからである。略述すると、1844年の会社法は、法人格のないジョイント・ストック・カンパニー（joint stock company）に対し、設立証書（deed of settlement）を登記することによって法人格を取得しうる道を開いた。これらの会社は法人格を取得しても、なお組合たる地位にとどまり、その設立証書は組合員（社員）相互間の契約を構成するものであった。次いで、1855年法で有限責任が認められ、両法は1856年の会社法に総括された。同法は設立証書に代えて現在と同様に基本定款および通常定款の届出による登記手続きを規定しており、ここにおいて組合法から独立した会社法の基礎が築かれその後の若干の修正法が総括されて、会社法（Companies Act）という近代的略称を持つ最初の制定法である1862年法となり、ここで確立された法的基盤が現在に引き継がれたのである。」（大野正道「イギリス小規模会社の法構造〔1〕」富大経済論集26巻1号24頁以下、昭和55年）。
　なお、このような理論構成について、小町谷操三博士は、その著書『イギリス会社法概説』（昭和37年、有斐閣、52頁）において、「会社は法人であり、社員とまったく別個の存在を有するものであるから、会社の準則たる定款を、会社と社員および社員相互間の契約であるとみるのは理論上明らかに矛盾である」と述べている。この見解は合同行為説を採用するわが国の通説からは当然の事柄を指摘したものであるが、契約説を採用するイギリス会社法の沿革と理論をまったく無視したものであると評価できるであろう。

❸ 最低資本金の廃止

　会社法の施行に伴い、平成2年に導入された最低資本金の制度が廃止されることになった。経済界の強い要求を受け入れ、IT化時代に対応して人的資源を活用するというのがその趣旨である。最低資本金を調達しなければならないことが起業（新たに事業を起こすこと）の足枷にならないことを慮ったからであり、最近における廃業率が起業率を上回るという事態に対処するものであると指摘されている。

　もっとも、事業を起こし継続するためには、自己資本であれ他人資本であれ、設備投資のための資金や運転資金が必要なことは当然のことである。幸いにも最近の金融機関は、三大メガバンクから信用組合まで、従来の土地を担保とする融資の審査から、企業の将来性や収益性を判断基準とする融資姿勢に変わりつつあるといわれている。また、会社債権者も企業の稼得した収益から返済を受けることを本旨としており、決して企業を解体換価して弁済を迫ることを望んでいるわけではない。

　また、株式会社の設立が容易になるとしても、会社法の規定を遵守すべきことは当然のことである。コンプライアンス（会社の法令の遵守義務）は、会社の規模にかかわらず、零細・小規模の非公開会社にとっても重要な課題である。さらに今日問題になっていることは、社会保険の完備・充実である。たとえば、製造業に携わる企業にとっては、少なくとも、政府管掌健康保険、厚生年金、介護保険、雇用保険および労災保険に加入することは不可欠であり、また法的な義務である。中小企業は、これらの社会保険をすべて具備することによってのみ、ゴーイング・コンサーンとして存続でき、国民経済において名誉ある地位を占めることができるのである。最低資本金の定めが廃止され株式会社の設立が容易になったとしても、その存続は容易ではないことを新規に起業する人々は肝に銘ずるべきであろう。

第6話　非公開会社の定款の効力

❶　定款の契約効

　株式会社の設立について契約説が適用されることによって、株式会社の定款は契約としての効力を有していることが明らかになる。この契約効は会社と株主（社員）との間の社員関係のみならず、株主相互間においても契約としての効力を持っている。株主間の合意は、一般に英米法で shareholders' agreement と呼ばれている。アメリカでは、小規模で閉鎖的な株式会社（これを close corporation と呼んでいる。）の附属定款（by-laws）において、その会社の特色に応じて株主間で様々な合意を取り決めているのが一般的である。そして、この定款の法的効力について早くから学説や判例の考察の対象になり、研究が積み重ねられてきたのである。

　その結果、アメリカにおける閉鎖会社（非公開会社）が株式会社制度として、大規模な公開会社とは異なるが、株式会社として一つの分岐であることが確認された。そのうえで、株主間の附属定款における合意は契約としての効力を有し、株主相互間の基礎を形成するものとして、法律実務で幅広く用いられるようになっている。

　ところがわが国においては、このようなアメリカ法における閉鎖会社法理が1970年代をピークに数多く紹介されながらも、小規模な閉鎖会社、すなわち「非公開会社」に関する独自の統一的な法理の形成は、私の若干の研究成果があるとしても、21世紀になってもいまだ未発達であるといえる。そのために、わが国では一般に市販されている定款の様式類についてなんら疑念を抱くことなく、使用され続けている。アメリカでは、定款作成実務が先行しその各種の定款の有用性について、学説および判例が追随して法律判断を深めてきたのである。これに対して、この種の実務の発展のないわが国では、定款の作成について関心が乏しく、

第6話　非公開会社の定款の効力

　また、定款の効力に関する学説や判例における研究が遅々として進まなかった。もっとも、「会社法」の制定後、定款の作成について会社法学者だけでなく経済界でも、徐々に関心が強まりつつある。たとえば、全国中小企業団体中央会では、「譲渡制限会社定款参考例策定委員会」を平成17年5月に組織し、会社法が施行になった平成18年5月に報告書を取りまとめ、『新会社法中小企業モデル定款』（第一法規）として出版刊行した。ちなみに、この策定委員会は、大学教官3名、弁護士2名、公認会計士・税理士2名および司法書士1名の8名から構成され、委員長は私（大野正道）が務めた。江頭憲治郎東京大学教授も、各種の説明会で新しい意欲的な定款を作り出すことを呼びかけており、望ましい方向に企業実務が動き出しているようである。

❷　定款変更の決議

　非公開会社においては、定款で定められている規定は株主相互間の契約を構成する。このように定款で定める条項を株主相互間の契約であると解すると、実定法規である会社法（旧商法）の定める定款変更の決議との関係が問題になる。わが国の会社法では、株式会社は、株主総会の決議によって定款を変更することができるが（会社法466条）、この場合の株主総会の決議とは、株主総会において議決権を行使することができる株主の議決権の過半数（3分の1以上の割合を定款で定めた場合にあっては、その割合以上）を有する株主が出席し、出席した当該株主の議決権の3分の2（これを上回る割合を定款で定めた場合にあっては、その割合）以上に当たる多数をもって行わなければならない、という具合に規定している（会社法309条2項11号）。

　このように定款の変更決議については、出席株主の議決権数の3分の2以上というように普通決議より加重した決議要件が課せられており、容易に定款の変更ができないように定められているが、この要件をクリアできれば定款の変更が可能であるから、定款変更自体がまったく不可能であるというわけではない。そうすると、せっかく定款において株主

の権利が定められても、後に定款が変更されてしまうと、その契約内容が無視されても株主は異議を述べることができなくなってしまうのである。そのため、非公開会社における定款の変更は、株主の権利を侵害するおそれがあるので、重大な関心を持たざるを得ない。特に、少数派株主の利益の保護のために定められている定款条項が変更されてしまうと、少数派に対する抑圧の手段となりかねず、多数派株主の横暴を防ぐためには、定款の変更をできる限り制約しなければならない場合も生ずる。

したがって、少数派株主の保護のため定款変更がなし得ないという制約は、非公開会社における紛争を解決するという見地からは、無視し得ざる論点であると思う。しかし、現在までのところ、この論点を明確に取り扱った邦語文献はほとんど存在せず、定款変更決議の瑕疵についても、いまだ十分に論じられていない。そこで、イギリスの判例法を参考にして、この論点について議論してみたいと思う。

❸ イギリス法における定款変更

イギリスにおいては、株式会社は、一般に、株主総会の特別決議によって通常定款を変更することができるが、その変更は、自然的正義（natural justice）に反したり、抑圧的（oppressive）であってはならず、会社および株主全体の利益において公正かつ正当（fair and just）なものでなければならない。換言すると、株主は定款の変更という権限を行使する際に、会社全体の利益のために善意で（bona fide for the benefit of the company as a whole）行為しなければならないのである。

反対に、定款の変更が少数派株主の利益を不当に侵害する方法で行われる場合、言い換えると、少数派株主に対する詐欺（fraud on the minority）となる場合には、少数派株主は、各自、定款変更を阻止し得ることになる。しかし、定款変更を無効とする要件は、非常に抽象的に捉えられているために、果たして具体的事案において、定款の変更を無効とすることができるか否かは難しい問題である。そこで、定款変更に関連して判例法で形成されてきた「会社の利益のために善意で」という

法概念の意味するところを仔細に検討すると、これを主観的に解釈する立場と客観的に解釈する立場に分かれていることが明瞭となる。

　一応、多数説とされる学説は、「会社の利益のために善意で」という概念は、「株主は自己の忠実な意見に従って会社全体の利益であると信ずるところに基づいて行動しなければならない」と把握し、定款変更に賛成した株主の主観的判断で善意であれば足りると理解する。この学説の判断基準が株主の主観的な善意に置かれている理由は、会社の経営方針に関する決定が裁判所の干渉により侵害されることがないように、配慮することにあると思われる。

　そもそも定款の変更が公正であることを要求することは、多数派株主が自己の利益を追求するために、少数派株主の利益の犠牲において、株主総会における多数派という地位を濫用することに対して、裁判所に株主総会決定事項に介入し得る権限を与えるものであるが、判例のように主観的な判断基準を採用する限りは、裁判所がその役割を十分に果たすことはできないであろう。

　主観説が判例の多数を占めているが、他方で、客観的な解釈を採用することにより定款変更を無効とした判例も存在する。この判例は、定款の変更が本当に会社全体の利益のためになされたものであるか否かを裁判所が判断できるとして、客観的解釈を採用したのであるが、これらの事案において定款変更の目的になった事項は、多数派株主が少数派株主の持株を買い取ることを可能にさせる、というものであった。そのため定款変更を無効とすることができる事案を、多数派株主が少数派株主の持株を強制的に取得するという類型として一応整理することができるとしても、この類型の事案に限って客観的な判断基準が適用されると解することは、これらの判例の射程距離としては狭きに失すると思われる。このようにイギリスでは、定款変更の実質的当否を裁判所が判断しているのである。

第7話　株式の本質について

❶　従来の学説の整理

　株式会社における社員の地位を株式と呼び、その株式の所有者を株主という。すなわち株式の実体は株主の会社に対する法律上の地位を意味する。株式の本質について従来から様々な学説が主張されてきたが、これを整理すると次の4つの学説に分類することができるであろう。
　①　株式社員権説
　　この学説は、株式を株式会社における社員たる地位と考えるものであり、従来から会社法学の通説的な取扱いを受けてきた。この学説においては、いわゆる自益権と共益権を含むものとして株式を把握する。
　②　社員権否認論
　　この学説は、共益権を株主が会社の機関たる資格において有する権限と理解し、株式の内容はいわゆる自益権だけであると考える。
　③　株式債権論
　　この学説は、株式を利益配当請求権なる社団性を有する金銭債権と把握し、共益権を公権の一種と理解する。
　④　株式財団論
　　この学説は、株式会社を営利財団法人と解する。そして、株式を自益権中の主要権である利益配当請求権、建設利息請求権および残余財産分配請求権の三者を内容とする純然たる金銭債権と理解する。
　このように学説の対立する中で、最高裁判所の判例は明確に株式社員権説を採用しており、自益権のみならず、共益権の譲渡性および相続性を認めている（最判昭和45年7月15日民集24巻7号804頁）。この株式社員権説によるならば、株主は、株主たる地位（Mitgliedschaft）に基づいて、会社に対して各種の権利を有する。これらは株主の会社に対する団体法上の権利である。

第7話　株式の本質について

　また、株主相互間においても、非公開株式会社では、株主は、定款に基づく権利を保有し義務を負っている。この権利義務関係は、契約当事者間に生ずる個別的な権利義務関係である。一般に、前者を株主の会社に対する社員関係と称し、後者を株主相互間の契約関係といっている。もっとも、非公開株式会社の存在を念頭に入れない旧時の学説では、株主相互間に契約関係が存在することを認めない点については、すでに繰り返し説明したところである。

　株主が会社または他の株主（社員）に対して有する権利は、原則として、株主としての資格において認められる権利に限定される。これをイギリス会社法では「qua member の法則」と呼ぶ。株主以外の資格、たとえば取締役、会計監査役、事務弁護士、従業員などの地位に基づいて付与されている権利は、外部者の権利（outsider right）とされ、定款で保護されるコモンロー上の権利（legal right）ではない。しかし、外部者の権利であっても、衡平法上の考慮（equitable consideration）の対象となること、より具体的には現行法では、1985 年会社法第 459 条の裁判所の救済命令や 1986 年支払不能法第 122 条(1)項(g)号の正当かつ公平（just and equitable）を理由とする強制清算（compulsory winding up）の対象となることが、最高裁判所（貴族院）の 1972 年の Ebrahimi v. Westbourne gallaries 事件判決の Wilberforce 卿の判示によって明確となり、この問題についての疑念が解決するに至った。わが国ではこのような問題がまだ提起されておらず、また、コモンロー（普通法）とエクイティ（衡平法）という二元的な法構造を採用しているわけではないが、イギリス法における定款の効力に関するこれらの議論は新たな「会社法」における定款の効力についての裁判所の法律判断の指針になるであろう。

❷　拠出資本説と調達資本説

　株式の本質をめぐる議論は株式会社の「資本の性格」に関する論争に大きく依存している。会計学と会社法の交錯領域において優れた業績を

上げた学者として、今は亡き西山忠範武蔵大学名誉教授の存在を無視することができない。西山教授は初期の会計学を中心に据えた博士論文から、有価証券報告書を使ってわが国の株式の所有実態の分析に進み、ついに日本資本主義は、資本主義を脱却して脱資本主義社会に突入したという理論を導かれた。教授の数多い著作の最後になった『日本経済論』（文真堂）を使って企業法学のゼミで熱心に院生と西山説の当否を論じ合ったことを思い出す。

西山教授の分析では、非公開株式会社では、資本とは株主が会社に拠出する資金であって、そのため、株主が会社の所有者と認められるという「拠出資本説」が妥当する。これに反して、公開株式会社では、資本とは会社の経営者が投資家から調達する資金を意味し、この資金を「占有」していることによって会社の経営権を握ることになる、いわゆる「調達資本説」が適用になり、ここに資本の「所有」ではなく「占有」に基づく経営者支配が確立する。

このような実態がわが国の公開株式会社（上場会社）にまま認められるのであるが、西山教授はこれを肯定的に評価して、株式の所有によって生ずる資本主義社会は崩壊して、株式の占有を支配の根源とする脱資本主義社会がわが国に誕生したことを高らかに宣言したのである。この学説は、現在では、コーポレート・ガバナンス（企業統治）と称して証券取引法学者（会社法学者を装うこともある）が主張している学説の先駆的形態といえるであろう。なお、証券取引法は現在では金融商品取引法と改称されている。

私としては、この結論において西山説に賛同することができず、ことあるごとに日本資本主義の健在を主張してきた。偶然にも、平成16年12月13日に古本屋で戦前の日本共産党の理論指導者で「福本イズム」で知られる福本和夫著の『日本の山林大地主』という昭和29年に刊行された古書を購入した。その結論は、山林解放を免れた山林地主の「地方財閥」としての健在である。

私の実感する結論は、「日本の企業には今でも資本家が存在している」

ということである。ただ、現在では相続税の支払いが怖いので、殊更に言挙げしないで黙ったまま、公開株式会社であれ非公開株式会社であれ、全国で二、三百家族の「地方財閥連合」で企業支配を続けているのである。金融制度改革で、興銀などの長期信用銀行は完全に潰されたが、同じ運命を辿るはずであった信託銀行が現在でも逞しく生き残っているのは何故であろうか。受託者である信託銀行の背後にいる真の受益者は一体誰であるのか、現実の金融の流れを知り得ない半可通の学者には判るはずがないであろう。

❸ 株式社員権説の正当性

結局、調達資本説が妥当する企業はまったく存在しないとは言わないが、ほとんどの企業に究極的な支配株主が隠れて存在し拠出資本説が適用になるとすれば、「株式の本質」については、通説と判例の採用する「株式社員権説」が正当ということになる。したがって、鈴木＝竹内会社法学が「株式」の説明において「会社法」の制定後も継承・発展させられるべきことには異論を挟む余地はないと思われる。とりわけ、非公開株式会社については、すべての会社について拠出資本説の適用があることに疑う余地はない。

私的所有権秩序に基づく企業支配が継続されるべきであり、株式の所有に基づかない「経営者支配」はできる限り早く廃止されるべきである。「会社法」における株式制度もこのような健全な精神を体現するように運用されるべきであって、今まで知識に欠ける投資家から資金を強奪する手段として経営者により株式の募集が悪用されていなかったか、「会社法」の制定の機会に会社法学者は深く反省する時に至っているのではなかろうか。

第8話　株式の相続準共有

❶　旧商法第203条2項について

　株式が複数人の共有になっている場合には、旧商法第203条2項により、この複数人によって会社に対して権利を行使する者（通常、権利行使者と称されている。）一人を選定し、かつ、この旨を会社に通知することを要し、この者のみによって株主としての権利を行使できるとされていた。

　この点を少し詳細に説明すると、株式会社の株式と有限会社の持分は、最高裁判所の判例によると相続することができる。そして、相続人が複数で共同相続が発生する場合には、死亡した株主の株式または社員の持分については、法定相続分に対応した株式・持分の相続準共有関係が生ずると解されている。民法（明治29年法律第89号）は、平成16年に現代語化されたが（平成16年法律第147号）、その第898条は、「相続人が数人あるときは、相続財産は、その共有に属する。」と定めている。この株式・持分の相続準共有について、株式・持分の共有に関する規定である旧商法第203条（旧有限会社法22条で準用されていた。）が適用され、企業承継に関して特別の法律問題が生じていたのである。企業承継の主要な論点については、第10話で改めて取り上げる。

　このように株式・持分の共同相続によって相続準共有関係が生ずると、旧商法第203条（旧有限会社法22条）が適用になる。旧商法第203条2項は、「株式ガ数人ノ共有ニ属スルトキハ共有者ハ株主ノ権利ヲ行使スベキ者一人ヲ定ムルコトヲ要ス」と規定していた。すなわち、共有者が会社に対して株主（社員）の権利を行使するためには、権利を行使すべき者（権利行使者）一名を定めなければならないわけである。もし、権利行使者が選任されていない場合には、株主権を一切行使することができないとするのが、従来からの最高裁判所の確立した判例である。

旧商法第203条2項は、わが国においては、このように主として株式および有限会社の持分の相続準共有関係に適用されているが、将来的には株式管理組合および持分管理組合においても、適用のあることが予想される。たとえば、企業承継では共同相続人中の一名のみが企業承継者となるのが望ましいのであるが、現実には相続人間で株式や持分を分割して取得することも生ずる。その場合には、会社の家業的性格を維持するために、株式ないし持分の管理組合を結成することが考えられる。この管理組合とは、共同相続人が遺産分割で取得した株式や持分を出資して民法上の組合を結成し、この管理組合を通じて株式および持分から生ずる権利を行使するというものである。株式・持分管理組合の法的性格は、会社にとって内的組合であり、管理組合が会社に対して権利を行使するに際して、旧商法第203条2項（旧有限会社法22条）が適用になる。

❷　会社法第106条と特例有限会社

　会社法の制定の後においても、旧商法第203条2項の取扱いは条文番号こそ異なるが、基本的には同様な取扱いが踏襲されている。まず、付随的な規定から検討すると、旧商法第203条1項の共有者が株式の共同引受人になるという規定は、当然のことを定めたものであり、とりたてて新法で規定を設ける必要がないので、会社法では削除された。また、第3項の会社の方からの通知および催告は共有者の一人になされれば足りる旨の規定については、会社からの通知および催告一般に関する規定である会社法第126条3項・4項として、まとめて規定されることになった。

　ここでの本題は旧商法第203条2項の取扱いであるが、本規定は、以下のように単一の条文に改められた。すなわち、会社法第106条は、「株式が二以上の者の共有に属するときは、共有者は、当該株式についての権利を行使する者一人を定め、株式会社に対し、その者の氏名又は名称を通知しなければ、当該株式についての権利を行使することができない。ただし、株式会社が当該権利を行使することに同意した場合は、この限

りでない。」と定めるに至った。この規定は、基本的には旧商法第203条2項を踏襲したものであるが、但し書きの点について説明が必要である。

この説明の前に旧商法第203条を準用していた旧有限会社法第22条の取扱いについて解説しておく。原則として、有限会社法は、会社法の施行のときに廃止された。しかし、会社法の施行日（平成18年5月1日）に現に存在する有限会社は、「特例有限会社」として存続することができる。この点は、「会社法の施行に伴う関係法律の整備等に関する法律」に定められており、以後、本書においては、この法律を「整備法」と称することにする。整備法第2条1項は、有限会社法（昭和13年法律第74号）が第1条3号で廃止されるので、この旧有限会社法の規定による有限会社であって整備法の施行の際に現に存するもの（旧有限会社という。）について、整備法の施行日以後は、第2節（有限会社法の廃止に伴う経過措置）の定めるところにより、「会社法」の規定による株式会社として存続するものとする、と定めている。

これを簡潔に述べると、現在の有限会社は、有限会社法が廃止されるので、「特例有限会社」という名称で存続するが、新しく制定された「会社法」のみしか会社を規制する法律がないので、今後は「会社法」における株式会社として規制されるということである。したがって、特例有限会社については、今までのように旧商法の準用という形式ではなく、会社法第106条が直接適用されることになる。

❸ 会社法第106条但し書きの意味

そこで、新設された第106条但し書きの正しい読み方であるが、これは旧商法第203条2項に関して下された最高裁平成11年12月14日第3小法廷判決（判例時報1699号156頁、判例タイムズ1024号163頁、金融商事判例1087号15頁）の趣旨を実定法化したものと思われる。この判決は、旧商法第203条2項による権利行使者の指定を欠く場合においても、会社の側から議決権の行使を認めることができるかという争点に

ついて、「権利行使者の指定及び会社に対する通知を欠くときは、共有者全員が議決権を共同して行使する場合を除き、会社の側から議決権の行使を認めることは許されないと解するのが相当である」と判示した。本判決は、その結論を導く判示部分の反対解釈として、共有者全員が共同して議決権を行使するときには、会社の側から議決権の行使を認容できることを明らかにした点で、最大の意義があるといえる。

　従来から、旧商法第203条2項の規定は会社の事務処理の便宜を考慮して定められたものであるから、通説は、この規定が権利行使者の選任を前提としているとしても、会社の側から共有者全員による権利行使を認めることは差し支えない、と解していた。したがって、会社法第106条の「ただし、株式会社が当該権利を行使することに同意した場合は、この限りでない。」という文言の意味がこのように解されるものであれば何も問題はないと思われる。もっとも、株式の共有者全員による権利行使を会社が認めることは差し支えないとしても、それ以上に、会社が勝手に株式の共有者の一人を権利者の代表として選び、権利の行使を認めることが許されないのは当然のことである。

　私見では、さらに進んで、権利行使者が選定されていない場合でも、会社の側が認めるか否かにかかわらず、共有者の全員一致の意思表示で権利行使ができる、と解されるべきと思う。ドイツの有限会社法（GmbHG）第18条1項は、共同権利者は、会社に対して共同して（gemeinschaftlich）のみ権利を行使することができる旨を定めており、その行使方法は、共同権利者の全員一致の意思表示か、または共同代理人（gemeinschaftlicher Vertreter）の単独の意思表示とされている。このように、共同権利者の全員一致の協同による直接の権利行使（unmittelbare Rechtsausübung）が認められるならば、少人数の株主からなる同族会社（非公開会社）では便宜な権利行使方法であろうと思われる。

第9話　株式の譲渡制限

❶　株式会社における投資の回収

　株式会社における株式の譲渡制限の趣旨は、非公開会社にとって好ましくない者が株式の譲受人となって株主になることを阻止することにあるが、他面において、株主のためには、証券取引所や店頭取引による売買ではないとしても、株式を換価して投下資本を回収できる方途を保障しておくことが必要である。

　そのため株式の譲渡制限規定によって、会社にとって好ましくない人物として、株式の譲渡につき株式会社の承認を得ることができず、その結果として、会社への入社を阻止された者は株主となることはできないが、株主である譲渡人から対価を支払って譲り受けた株式について、その株式が把握する金銭的価値（株式の価額）まで没収されるわけではないのである。譲渡制限規定によって会社に入社できなくなる者に対して、株式を会社等に売り渡す見返りに、その株式の価額に相当する金額が支払われなければならない。

　株式の譲渡制限の仕組みは、まず、株主が譲渡制限株式を他人に譲渡するときには、株式会社に対し、譲受人（当該他人）がその譲渡制限株式を取得することを承認するか否かの決定をすることを請求することになっている（会社法136条）。また、譲渡制限株式を取得した株式取得者も、原則として、その取得を承認するか否かの決定をすることを株式会社に請求することができる（同137条1項）。

　会社の株主総会（取締役会が置かれている会社では取締役会）が当該株式の譲渡を承認したときは、譲受人が会社の株主になることができ、これで手続が終了する（同139条）。他方で、当該株式の譲渡を株主総会（または取締役会）が承認しなかった場合には、当該株式会社または株式会社の指定する指定買取人がその株式（対象株式という。）を買い

取らなければならない（同140条）。対象株式の売買価格は、両者で協議することになっており、合意が成立すると、この場合にも手続が終了する（同144条1項）。

ところが、売買当事者間で、売買価格について折り合うことができない場合には、当事者の請求により、裁判所が非訟手続で売買価格を決定することになっている（同144条2項）。裁判所は、この決定をするに当たって、譲渡の承認請求をした時点における株式会社の資産状態その他一切の事情を考慮しなければならない、と定められている（同144条3項）。旧商法の規定も同様に、会社の資産状態その他一切の事情を斟酌することを要す、と定めていた（旧商法204条ノ4第2項）が、具体的にいかなる事情を裁判所が考慮に入れていたかは、個々の判例でまちまちであり、一義的に明瞭になっていなかったのが実情であった。

さらに私見では、この規定の趣旨は単に株式を譲渡する株主の対象株式が有する客観的な交換価値を算出するだけではなく、当該株主および株式会社の置かれている主観的な事情をも考慮すべきことを裁判所に命じているものと考えている。たとえば、多数派株主の抑圧的な嫌がらせや取扱いにより、やむを得ず株式を売却して退社する少数派株主の個人的事情を考慮して株価の算定を行うことを認めるのが、この条文の規定の本来の趣旨であると思うのであり、裁判所はもっと柔軟になってこの規定によって与えられている権限を行使すべきではなかろうか。

❷　譲渡制限株式と非公開会社

株式の譲渡制限規定との関連で今般制定された「会社法」は旧商法と比べて極端に理解することが困難な法律になってしまった観が拭い去れない。会社法では、「譲渡制限株式」について定義規定が置かれており、「株式会社がその発行する全部又は一部の株式の内容として譲渡による当該株式の取得について当該株式会社の承認を要する旨の定めを設けている場合における当該株式をいう。」と定めている（会社法2条17号）。なお、この譲渡制限の定めは会社の定款で定めなければならない（同

107条2項1号イ・108条1項4号）。会社法の定める「その発行する全部又は一部の株式の内容として」という表現は、株式の譲渡制限は株式の内容の問題として位置づけられており、発行する株式全部に譲渡制限を付す場合だけではなく、一部の種類の株式についてのみ定款による譲渡制限を付すことも認められることによる。

　次に、「株式会社の類型」を定める定義規定の難解なことである。会社法は、「その発行する全部又は一部の株式の内容として譲渡による当該株式の取得について株式会社の承認を要する旨の定款の定めを設けていない株式会社」を「公開会社」と定義し（会社法2条5号）、この「公開会社」と「公開会社でない株式会社」とで、法規制の仕方を区別している。「公開会社」の定義規定は、「株式の譲渡制限を定めている会社」を想定して、この類型の否定形として定義しているために非常に判りにくい。そして「公開会社」でない「譲渡制限会社」を否定形の否定形として二重否定して、「公開会社でない株式会社」と称してかなり多数の条文の中で使用しているが、これを簡潔に「非公開会社」というようには定義規定を設けていないのである。

　このような複雑怪奇な規定の仕方になったのは、「会社法制の現代化に関する要綱」において、「株式譲渡制限会社」（すべての種類の株式が譲渡制限株式である株式会社）と表現されていたものを、会社法では裏側から規定したことによると説明されている。すなわち、「要綱」の「株式譲渡制限会社」が会社法では「いわゆる非公開会社」とされ、「要綱」の「株式譲渡制限会社でない会社」は会社法では、「公開会社」とされたためであると思われる。もっとも、私達、イギリス会社法を継続して研究してきた者にとっては、「公開株式会社」と「非公開株式会社」との区分は、p.l.c.（public limited company）と private company の区分として慣れ親しんでいるので会社法の理解にあまり苦痛を感じない。

❸　株式取得者は株主か

　従来、旧商法第204条ノ5第1項においては、株式取得者は、株式の

譲渡者と同様に取締役会に対して株式の取得の承認を求めることができた。そして、平成2年の商法改正でこの規定が改められるに際して、株式の譲受人（株式取得者）は法律上すでに「株主」であると説明されていたのである。私は、この点について些か疑念を抱いていた。

第1点は、仮に、同族的な非公開会社において内部紛争が起こった場合に、一部の株主が外部者、とりわけ「やくざ稼業」の者に名目上株式を譲渡したと偽装したときは、争いに火を注ぐことになりかねない。株式の譲受人であるから株主であると称して会社の事務所に入り込み、暴力を振るって取締役会に承認を求めることも生じ得るのである。

第2点は、会社法が継受したイギリス法においては、株式の譲受人は株主とはされていないのである。たとえば、1985年会社法第17編第459条1項で、会社の株主（条文ではmemberという語が使用されている）の利益に不公正に不利益な（unfairly prejudicial）取扱いがなされているときには、株主は裁判所に対して適切な命令を発することを求めて訴えることができるが、株式の譲受人は株主ではないから本条項による提訴権はない。しかし、第459条2項では次のように規定している。「The provisions of this Part apply to a person who is not a member of a company but to whom shares in the company have been transferred……」。すなわち、会社の株式を譲り受けた者は会社の株主ではないが、本編の規定する規定を適用して、救済命令の提訴権を認めると規定しているわけである。

このような疑念を考慮したかどうか詳らかにしないが、会社法第137条2項は、「前項の規定による（株式取得者の）請求は、利害関係人の利益を害するおそれがないものとして法務省令で定める場合を除き、その取得した株式の株主として株主名簿に記載され、若しくは記録された者又はその相続人その他の一般承継人と共同してしなければならない。」と定めており、より慎重を期しているものとして評価することができる。

第10話　株式と企業承継

❶　会社法第174条の新設

　会社法は、これまで昭和50年代から度々中小企業団体により待望されながらも、心ない一部の会社法学者の反対によりその立法化が挫折してきた規定、すなわち企業承継にとって極めて重要な規定を遂に定めるに至った。会社法第174条は「株式会社は、相続その他の一般承継により当該株式会社の株式（譲渡制限株式に限る。）を取得した者に対し、当該株式を当該株式会社に売り渡すことを請求することができる旨を定款で定めることができる。」と規定している。

　簡単に述べると、非公開会社（すべての種類の株式が譲渡制限株式である株式会社）においては、企業承継者となる共同相続人以外の共同相続人（これを学術的には譲歩相続人という。）から当該株式会社がいったん譲歩相続人に共同相続された株式を買い取ることによって、企業承継者であるとされる共同相続人のみが会社の株式を保有し続けて株主として残り、株式会社の経営者としての地位を承継することが可能になるのであり、その旨を非公開会社（譲渡制限会社）の定款で定めておけばよいことになる。

　この際の最大のポイント、株式を買い取ることを決定する「株式会社」とはいったい何を意味するのかということを、具体的に、かつ、明瞭に定款に定めておくことである。比較法的には、相続人に対して株式の売渡請求を決定する株式会社とは、当該相続人も決議に参加するとするならば、株主総会の単純多数決による決議で決定されてもよいように思われるが、会社法の規定では、この決定は株主総会の特別決議によることになっている（会社法309条2項3号）。そして、株式を会社に売り渡さなければならない相続人は、この株主総会においては議決権を行使することができない、と定められている（会社法175条2項本文）。ただし、

売渡しの対象となっている株式を保有する株主以外の株主の全部が当該株主総会において議決権を行使することができないときには、例外が認められて、株式の売渡請求の対象となっている株主（相続人）についても議決権が認められる、と規定されている（会社法175条2項但し書）。

果たして、会社法第175条2項但し書の想定する場合とはどのような場合か理解に苦しむ点がある。一人会社の株主で全株式を所有する者が死亡した場合が、このような場合に該当するようにも思われるが、疑問なしとはしない。最高裁平成2年12月4日第3小法廷判決（民集44巻9号1165頁）は、全株式を所有する株主が死亡したが、旧商法第203条2項に定める「権利行使者」が選任されないまま株主総会が開かれ役員が選任されたとして、共同相続人の一人から株主総会決議不存在確認の訴えが提起された事案で、本件においては特段の事情があるから訴えの利益（原告適格）があるとしたが、本判決は裁判所による緊急避難的な法律処理ともいえる。この場合に、権利行使者が選任されていなくても株主としての権利を当然に行使できるとは言い切っていないのである。そのように理解すると、共同相続人中、売渡請求を受ける者のみが議決権を行使でき、その他の相続人が議決権を行使できない場合が株式の相続をめぐる場面に生ずるかかなり疑問である。しかし、この点についてはここまでの検討に止めることにする。

❷ 立法化までの経緯と比較法制

会社法第174条のような規定を設けるべきことは、中小企業にとって長年の要望であった。法制審議会商法部会においても早くからこのような規定を設けることが検討の対象となっていた。特に昭和61年5月15日に法務省民事局参事官室が公表した「商法・有限会社法改正試案」は、その三3aで、「株式の譲渡制限の定めをした株式会社又は有限会社は、定款で、相続又は合併による株式又は持分の移転があったときは、一定の期間内に、総会の決議で指定した者がその株式又は持分の売渡を請求することができる旨を定めることができる。」という規定を設けること

を提案していた。今回の「会社法」の規定は、この改正試案の提案を基本的に受け入れ、約20年の歳月の経過後にこの提案を実質的に立法化したことは明白である、と考えられる。

私は、わが国で初めてドイツ法の企業承継に関する学説と判例を基礎として、学術的に「同族会社における相続を契機として生ずる経営権争奪の紛争」に関する法律学による研究に取り組んできた者である。大学院の研究室に残ってから、36年余の歳月をこの「企業承継法」の研究に注いできた者として、「会社法」による企業承継に関する規定の立法化を心から喜ぶとともに、今後のわが国における企業承継法の研究の飛躍的な進展に期待したいと思っている。

そこで、今般の新設規定について比較法的観点から重要な点を指摘しておきたい。会社法では合併による株式の取得にも会社法第174条の適用があるように解する余地があるが、比較法的には、ドイツでは相続の場合にのみ買取りが認められており、フランスにおいても相続と夫婦共有財産の清算の場合にのみ買取りが許容されていることである。すなわち、比較法的観点からは、フランスにおいても、企業承継対策としてドイツと同様に定款を利用する法律実務が発達したが、その実務に生じた混乱を収拾する見地から、1966年（昭和41年）の会社法改正の際、有限会社法第44条で、持分は相続できるが、定款で社員の承認を得ることを条件とすることができる旨が規定された。

この有限会社法第44条の規定は、現在では商法典第3章（有限会社）第223－13条となっており、最新の規定は、2004年3月25日の命令2004－274号で補足されている。第223－13条（L223－13）は、「持分は、相続によりまたは夫婦共有財産の清算の場合には、これを自由に移転することができ、かつ、配偶者間および直系尊属と直系卑属との間では自由に譲渡することができる。しかしながら、定款は、L223－14条に定める条件（定款でそれ以上の多数が定められていなければ、社員の過半数でかつ資本の2分の1以上に当たる持分を有する社員の同意）に従って承認された後でなければ、配偶者、相続人、直系尊属または直

系卑属は社員になることができない旨を定めることができる。（中略）定款は、社員のうち1名が死亡した場合に会社がその相続人とともに存続するか、または生存社員のみで存続するかを定めることができる。会社が生存社員のみで存続される場合、または相続人が社員となるための承認が拒否された場合、相続人は死亡社員の社員権の価額について権利を持つ。会社が、生存配偶者、一人または複数の相続人、定款によって指名され若しくは認められている場合には、遺言によって指名された他のすべての人とともに会社を存続することも定めることができ、この場合には、この約定で受益者に割り当てられた社員権の価値は相続財産に持ち戻される。（以下省略）」と規定している。

❸ 株式の売渡請求権の法的性格

わが国の会社法第174条では、「相続その他の一般承継」と定められており、合併などの一般承継も含まれるように読めるが、❷で考察したように、フランスでは明確に相続と離婚の場合に限り、持分の移転の制限が認められている。したがって、会社法第174条の適用範囲については、慎重に相続に限定して解釈されるべきであると思う。会社法が一般承継（包括承継）という法律用語を使用していることおよびこれまでの改正試案の経緯から、合併の場合にも同様に法的処理されるおそれがあり、この点に注意を要する。

次に、注意すべき点は、株式会社による売渡請求は形成権であり、株主が売渡しを拒否したとしても、株式会社はその請求のときに株式を取得したことになる。実務的には、株主が拒否したとき会社が当該株式を消却できる旨を定款に明示的に定めておくことが望ましい。ドイツでは株式の消却条項が広範囲に利用されており、実務上、重要な役割を果たしている。わが国でも、もっと容易に会社法で株式の消却を認めるべきであろう。

第11話　非公開会社と種類株式

❶　種類株式の整理・体系化

　株式会社は、内容の異なる2以上の種類の株式を発行することができる。会社法では、①剰余金の配当、②残余財産の分配、③株主総会において議決権を行使することができる事項（議決権制限株式）、④譲渡によるその種類株式の取得について会社の承認を要すること（譲渡制限株式）、⑤その種類株式について、株主が会社に対してその取得を請求することができること（取得請求権付株式）、⑥その種類株式について、会社が一定の事由が生じたことを条件としてこれを取得することができること（取得条項付株式）、⑦その株式について、会社が株主総会の決議によってその全部を取得すること（全部取得条項付種類株式）、⑧株主総会（取締役会設置会社においては株主総会又は取締役会）において決議すべき事項のうち、その決議のほか、その種類株主総会の決議があることを必要とするもの、および⑨その種類株主総会において取締役又は監査役を選任することについて異なる定めをした内容の異なる種類株式（数種の株式）を発行することができる旨を規定している（会社法108条1項）。

　平成17年の会社法（平成17年法律第86号）の制定以前においても、旧商法平成13年改正（平成13年法律第128号）で種類株式について若干の見直しがなされていた。その経緯は簡単に述べると以下のような次第である。

　従来の実務においては、特に非公開会社（当時の定義では定款で株式の譲渡につき取締役会の承認を要する旨の制限が定められた株式会社）と投資家（この場合にはベンチャー・キャピタルのような株主）との間で、投資家の利益を守るために、株主間契約（shareholders' agreement）や投資契約の中で、合併ないし大量の新株発行等の会社の重要な経営事

項に関する決定の際に拒否権（veto）を設定し、または経営判断に投資家の意見を反映させるために取締役の選解任について取り決めをする例が多く見られるが、このような株主間契約の有効性を明確にすべきである、という要望がなされていた。

このような要望に応えて、平成13年4月18日、法務省民事局参事官室が公表した「商法等の一部を改正する法律案要綱中間試案」は、これらの点について、種類株式の内容および属性について定款で定めることができる範囲を拡大するという方法により実現しよう、と提案した。

このような提案は、主として公開会社（当時においては上場会社・店頭登録会社を意味していた。）を念頭に入れていたと思われるが、同族会社（family company）が大宗を占める非公開会社にとっても極めて有益である。たとえば、議決権制限株式の利用を考えると、支配株主が議決権のある株式を保有し、経営に携わらない譲歩株主が議決権制限株式のみを保有している場合を想定すると、支配株主は取締役として容易に会社の経営権を確保することができるとともに、他方で、譲歩株主は会社の経営に携わらないとしても、定款で定められている株式の内容として、自己の利益を適切に保全することが可能になる。

平成13年旧商法（平成13年法律第128号）は、基本的に中間試案の提案を受け入れ、第222条1項5号で、会社は、「株主総会ニ於テ議決権ヲ行使スルコトヲ得ベキ事項」につき内容の異なる数種の株式を発行できる旨を定めた。そして、今般の会社法（平成17年法律第86号）の制定により、第108条1項3号において、株式会社は、「株主総会において議決権を行使することができる事項」について異なる定めをした内容の異なる2以上の種類の株式を発行することができる、と規定しその体系化を図った。

❷ 議決権制限株式の内容

会社法のもとで議決権制限株式を発行するときは、第108条2項3号に定める事項、すなわち「イ　株主総会において議決権を行使すること

ができる事項」、「ロ　当該種類の株式につき議決権の行使の条件を定めるときは、その条件」および「発行可能種類株式総数」を定款で定めなければならない。ここに定める「議決権を行使することができる事項」の意義は、すべての事項について議決権を行使できる株式のほか、議決権のない株式（完全無議決権株式）のみならず、決議事項の一部についてのみこれを認め、他については認めないという内容の株式（狭義の議決権制限株式）を許容することにある。

　この点については、平成13年の商法改正時の前田庸法制審議会会社法部会長の立法理由の解説が参考になる。前田部会長は次のように述べている。「利益配当優先株式についてのみ、議決権のない株式としても必ずしも意味があるわけではなく、また利益配当についての普通株式も議決権制限株式とする実益があると考えられる。すなわち、現行法のもとで（平成13年改正前）、議決権のない株式の存在理由として、利益配当に関して優先的な取扱いが受けられればよく、議決権の行使には関心を有さない株主が存在することが挙げられていた。しかし、利益配当に関してごくわずかの優先的取扱い（たとえば、一株当たり一円の優先的取扱い）をすることにしても議決権なき株式とすることができる以上、議決権なき株式を利益配当優先株式に限定する意味は存在しないという批判もなされていた。そしてまた、普通株式についても議決権がないものとすることができれば、株式の発行価格が相対的に低くなるため、議決権行使に関心のない株主にとっては投資上有利になる。会社にとっては、利益配当優先株式でない株式についても議決権のないもの、または議決権制限株式とする必要があり……また、定足数の充足、株主管理費用等の点で有利である。さらに、議決権については、たんにそれを有するか有しないかだけでなくある決議事項についてはこれを与え、他の事項についてはこれを与えないという種類の株式を認めても不都合ではなく、またそのような株式に対する実務界の需要も考えられよう。」（旬刊商事法務1606号7頁～8頁）。

　このように平成13年改正商法（平成13年法律第128号）は、利益配

当に関する普通株式についても無議決権株式にすることを認めた上で、さらに完全無議決権株式および狭義の議決権制限株式（両者をあわせて広義の議決権制限株式と呼ぶ）を種類株式の一種として取り扱うことにした。

なお、公開会社において、議決権制限株式の数が発行済株式総数の2分の1を超えるに至ったときは、会社は、直ちに、議決権制限株式の数を発行済株式総数の2分の1以下にするための必要な措置をとらなければならない（会社法115条）。非公開会社ではこのような制限はない。議決権のない利益優先株式の発行済株式総数に占める割合は、昭和56年法では4分の1以下、平成2年法では3分の1以下と緩和され、平成13年法で広義の議決権制限株式の総数は発行済株式総数の2分の1とされた。会社法はこの発行制限枠を基本的に引き継いだ。

❸ 種類株式と定款の任意的記載事項

旧商法平成13年改正および「会社法」において種類株式が数多く定められるに至った。しかし、多くの種類株式は、非公開会社においては、本来的には株主間の契約で取り決められるべき事柄であり、強いて種類株式を利用すべきものではない。株主間契約はその合意の当事者のみを拘束し、会社をも拘束する効力がないとする旧時の学説を墨守しているため、奇妙な「種類株式」として構成したのであろうが、些か種類株式の濫用の観がないわけではない。

これに対して、非公開会社の内部関係を準組合（quasi-partnership）と把握し、定款の規定は会社および株主を拘束するという極めて自然な会社法理、すなわち非公開会社における準組合法理を採用するならば、定款に定められている条項は、その任意的記載事項（会社法29条）として簡単明瞭に契約としての効力が会社にも及ぶことになる。したがって、株主間契約として締結できる事項を、種類株式として強いて構成すべき理由は些かも存在しない。

第12話　非公開会社における自己株取得(株主の退社)

❶　自己株取得の許容

　会社法学では、長らく会社による自分の会社の株式（自己株式）の取得を原則として禁じていた（平成6年改正前商法210条・489条2号）。設立または新株発行の際に、会社が自己株式を引き受けることは理論上当然に認められないが、有価証券としてすでに成立している株式を取得することは、それが自己株式であっても、理論上は取得することは不可能でないと解されていた。

　しかし、自己株式の取得は、これを自由に認めると自己の資本で自分の会社の株式を取得することとなり、株主に出資を払い戻したのと実質的に同様な結果（資本の空洞化）をもたらし、会社の財産的基礎を危うくするほか、会社が株価操作をし、あるいは内部情報を利用して自己株式の投機を行って株主・投資家の利益を害し、さらには、取締役などによる会社支配に利用される（たとえば、自己株式については議決権を行使することができないので、株主総会で多数を占めるために必要な株式数が減少する）等の弊害があるので、当時の商法は政策的な見地から自己株式の取得を禁止していた。もっとも、弊害のないような場合には、例外的に自己株式の取得を認めることとするとともに、その取得した株式のできる限り早期の処分を義務づけていた（平成6年改正前商法210条・211条）。

　このようにわが国においては、自己株式の取得制限は極めて厳格であり、実際上、自己株式の取得はほとんどなされなかった。そこで、諸外国における会社法制の変更に鑑みて、経済界から自己株式の取得制限の緩和が繰り返し要望された。このような意見を取り入れて、法制審議会商法部会（当時）は、平成6年2月、商法の改正要綱案をまとめ、これを法文化した改正法案が平成6年6月26日に平成6年法律第66号とし

第 12 話　非公開会社における自己株取得（株主の退社）

て成立した。この後、自己株取得の緩和の流れは加速し、ついにアメリカなみに金庫株を認めるに至り、このような法制が「会社法」に引き継がれたのである。

❷　自己株式取得解禁の裏面史

　自己株式の取得を認めた平成 6 年商法改正当時の商法部会長は竹内昭夫筑波大学教授（東京大学名誉教授）であったが、竹内先生自身は自己株式取得の解禁については否定的であった。先生は、平成 8 年 12 月 26 日に 67 歳で志半ばにお亡くなりになったが、本書の元になった連載を執筆していた時点では（平成 17 年 12 月）、もう時間がかなり経過し、もはや歴史的事実の領域に入ったので、次のようなエピソードを公開した。

　平成 5 年の商法改正で株主代表訴訟制度の見直しがなされ、先生の持論である「私人による法の実現」が会社法の領域でも導入されることになり、先生の商法学者としての評価は確固としたものになった。ところが、当時の経済環境は、平成 2 年 1 月 4 日から反転を開始し、次第に下落していく株価に怯え、平成大不況のとば口にいた上場会社の経営者達は、株価再反転の切り札として自己株取得の解禁を強く主張したのである。もちろん、先生はそのような勝手な主張に耳を貸す人ではなく、自己株取得解禁反対論を非公式に述べられたらしい。ところが、EU では会社法第 2 指令（資本維持・充実原則）の国内法化により、イギリスでは 1980 年会社法で、ドイツでは 1985 年の計算書類指令法に基づいて商法典ですでに自己株取得を限定的であるが認めるに至っていたことを平成 5 年（1993 年）の時点であるのに、先生は当時いまだご存じなかったのである。

　すでに EU における改正動向と英文・独文の一次資料を購入していた私は、文京区音羽にある先生のご自宅に参上してこの点について調査することを命じられ、翌日、簡単なメモと執筆の便宜のための書籍類を持参して再度ご自宅に伺った。この資料に基づいて書かれたのが追記に「6

日のあやめ」と記されている「旬刊商事法務」の竹内論文である。この追記の意味は、小林量九州大学教授（現在は名古屋大学教授）の同様の内容の論文がすでに掲載済みなので、先生が遅れて改めて自ら執筆することを釈明されたのである。

　私は、竹内先生のいわばプライバシィにも関わることを明らかにしたが、決して興味本位に受け取っていただきたくない。会社法の研究領域は拡大しており、もはや一人の会社法学者が全領域を研究する時代は終わってしまった。むしろ重要なことは、平成5年の商法改正をピークに先生の体力が衰え、「会社法学界の重鎮」として経済界の虫のいい要求を敢然として阻止し得た唯一の存在であった竹内先生の最後の闘いが、「自己株式取得」を許容するか否かであったことを読者に知っていただきたいのである。先生の死後、法制審議会商法部会・会社法部会は、平成9年改正以降、一瀉千里に経団連（現在は日本経団連）の法務部と化して、その要望を法律とする隠れ蓑のような存在に堕落してしまったのである。竹内先生は、現在の会社法学者の惨状に接しておられたら一体どのように評価されるであろうか。

❸　非公開会社における実質的な退社

　自己株取得に関する商法の規定は、平成6年の改正後、平成13年、平成14年と次第に複雑になり、「会社法」の制定を機に全面的な手直しがなされた。商法の規定では、自己株式の取得の方法として、市場取引、公開買付け、および特定の株主からの買受けの3つを規定していた（旧商法210条9項）。このうち、特定の株主からの買受けについて、株主総会の特別決議を要する等、厳格な規制を設けていた。

　これに対して、会社法第155条は、株式会社が自己株式を取得することができる場合を第1号から第13号まで限定列挙している。そして、株式会社が、株主との合意により株式を有償で取得するには、あらかじめ、株主総会の普通決議によって、①取得する株式の数、②株式を取得するのと引換えに交付する金銭等、および③株式を取得することができ

第12話　非公開会社における自己株取得（株主の退社）

る期間（1年を超えることができない。）を定めておき、株式の取得における価格等の具体的事項は、取締役の決定（取締役会設置会社においては取締役会の決議）に委ねられている（会社法157条）。ただし、自己株式取得については財源規定が定められている。会社法第461条1項3号は、自己株式の取得により株主に対して交付する金銭等の帳簿価額の総額は、自己株式取得の効力が生ずる日における分配可能額を超えてはならない旨を定めている。分配可能額については、同条2項で具体的に規定しているが、基本的には、旧商法第210条3項・4項を引き継いでいる。

　私は、非公開会社における自己株式の取得（特例有限会社においては自己持分の取得）は、株主・社員の会社からの退社（Austritt）であって、そのように解することによって、会社法の財源規制（会社法461条2項）の規定の趣旨を容易に理解することができると思う。旧商法第210条4項では、法定準備金の減少の決議、資本減少の決議、および損失処理の議案承認の決議の結果生じた差額を自己株式取得の財源とすることを認めており、会社法も基本的には同様の取扱いをするものであろう。この点について、岸田雅雄教授は、平成13年商法改正の解説の中で、法定準備金のうち資本準備金減少額の部分は「利益の配当」ではなく、「出資の返還」と考えるべきことを示唆されていた（同・『株式制度改革と金庫株』65頁）。「会社法」では「剰余金の配当」として分配可能額の範囲が法律だけでは明確になっていないが、自己株式の取得を私見のように非公開会社における株主・社員の退社に伴う「出資の払戻し」と位置づけるならば、非公開会社を準組合と考える会社法理と理論的な整合性を保つことができると考える。

　ドイツの有限会社法では、法律の明文では社員の退社は規定されていないが、判例および学説では社員の退社を認めている。自己株式の取得は、会社が株主（社員）の有する株式（持分）を取得し、これを消却（Einziehung）により失効することになるが、社員の地位を喪失せしめるという点で、株主の会社からの退社と実質上同様の意義を持っている。

第13話　非公開会社における株式の評価（補償条項）

❶　会社法における評価方法

　株式の譲渡制限（会社法136条）および相続制限（会社法174条）を定款で定めることが認められる非公開会社にとって、実務上、最も問題になるのは株式の評価である。この場合には当事者の協議で株式の価格が定められるが、協議が調わないときには、当事者の請求により裁判所が非訟手続で株式の価格を決定することになっている。

　すなわち、会社法第144条は、第1項で譲渡制限対象株式の売買価格は、株式会社と譲渡等承認請求者との協議によって定めるとしているが、第2項で当事者は20日以内に、裁判所に対し、売買価格の決定の申立てをすることができると定めている。そして、第3項で、裁判所は、この決定をするには、譲渡等承認請求の時における株式会社の資産状態その他一切の事情を考慮しなければならない、と規定している。この第3項の点は、旧商法第204条ノ4第2項では、「前項ノ決定ヲ為スニ付テハ裁判所ハ（中略）会社ノ資産状態其ノ他一切ノ事情ヲ斟酌スルコトヲ要ス」、と規定されていた。「考慮」と「斟酌」とでは、前者のほうが後者より語感として強く感じられるが、基本的にはそれほどの差異はないであろう。また、株式の相続制限に係る新設規定である会社法第177条3項は、「裁判所は、前項の決定をするには、前条第1項の規定による請求の時における株式会社の資産状態その他一切の事情を考慮しなければならない。」と定めており、会社法第144条3項の規定と同様の規定をおいている。

　このように会社法では、株式の譲渡制限（相続制限）の場合における投下資本の回収について、最終的には裁判所が非訟手続で決定するという具体的な方法を定めているのであるが、従来の裁判所の決定例について分析しても統一的な判断基準を見出すことができないのが現状である。

第13話　非公開会社における株式の評価（補償条項）

また、本来は相続税の算出のために租税当局である国税庁によって策定された「財産評価基本通達」が非上場会社の株式の評価の定めを設けているので、会社法（旧商法）における非公開会社の株式の評価についても、この通達が利用されることであり、そのようないわば流用を肯定する会社法学者も存在していることである。租税当局としては、非上場会社の株式について、課税のために便宜的に「通達」を利用しているのであり、証券市場の存在しない株式の評価方法としてやむを得ず是認できないこともないが、会社法上の非公開会社の株式の評価に「通達」を援用することには賛成できない。

❷　補償条項の有用性

非公開会社における株式の評価について納得できる評価方法がない現状に鑑みると、会社からの退出の際の株式の価格をめぐる争いを防ぐために、多数派株主にとっても少数派株主にとっても、すべての株主にとって納得できる株式の価額を算出するための評価規定を、あらかじめ株式会社の定款に定めておくことが考えられる。これをドイツでは補償条項（Abfindungsklausel）と呼んでおり、予防法学的見地から幅広く利用されている。いったん補償条項が定款に規定されると、非公開株式会社の定款の契約効からして、株式会社および全株主の定款による契約として全当事者を拘束することになる。ドイツの実務経験から補償条項の有用性は多大なものがあり、今後、このような補償条項を定款に挿入する実務がわが国でも定着することが会社における無益な紛争を予防するために要望されている。

また、ドイツでは、営利企業として、株式会社および有限会社において、その獲得利益を自己金融の目的で社内に留保しているのが通例であるが、株主・社員の退出に際して、この蓄積利益が社外に流出するならば、会社の経営が阻害されることが考えられる。事情によっては、補償額が高額のため、会社資産を売却することを余儀なくされ、ついには事業経営の継続が不可能になる事態が発生することがあり得る。そこで、

会社から退出する者に対して、会社の資金から多額の補償がなされることを阻止する目的から、想定される真実の価額（この価額を非公開会社の株式の時価と呼ぶかは別にして）を下回る価額で補償される旨を、会社の定款であらかじめ定めておくという定款実務が定着している。

すなわち、補償条項とは、株主・社員が会社から離脱して株式・持分につき清算（Auseinandersetzung）が生ずる場合、たとえば株主の退社、除名、死亡、株式・持分の差押え等の場合に、その株式・持分の有する価額の換価や補償に関する事項を定める定款条項のことである。補償条項を設定する理由として、主として次の2点が指摘されている。第1の理由は、株式・持分の評価について、様々な疑義が生ずるので、評価の困難性を回避する目的から、補償条項により、株式・持分をどのように評価するかをあらかじめ決定しておくということである。第2の理由は、既述したように、会社の蓄積利益が社外に流出する事態を防止して、会社経営の安定および維持を図ることにある。

ドイツにおける補償条項の例としては、帳簿価額と税務評価額を使用するのが一般的である。まず、帳簿価額（Buchwert）を用いる例文としては、「株式・持分の評価のためには、評価期日に直近の確定された最終の年度貸借対照表が計算の基礎となることとする。」が代表的なものである。実務上しばしば利用されるのがこの帳簿価額であり、そのため法律上もよく問題になった。帳簿価額とは、毎営業年度の決算貸借対照表に従って算出される、株式・持分の有する資産価額（Vermögenswert）のことである。これは、株式・持分が貸借対照表上の資本勘定（Kapital konto）に占める分け前（Quote）とも表現できる。注意すべきことは、いわゆる有価証券の取得原価である簿価との混同を避けるためには、貸借対照表価額（Bilanzwert）と表現するほうがより適切であるかもしれないが、ドイツの諸学説の慣例に従って、帳簿価額という用語を使用する。また、税務評価額（Steuerwert）の例文として、「補償額については、争いがある場合、課税庁により評価期日に直近の確定された法的効力を有する株式・持分の評価額が基礎となる。」があげら

れる。

❸ 補償条項の法的効力

　会社経営を継続する目的から、会社から退出する株主・社員に支払われる補償額を縮減する定款規定、すなわち補償条項は、わが国において、事業協同組合における組合員の脱退とそれに伴う持分の払戻しについて、すでに利用されており、中小企業庁と各都道府県の中小企業団体中央会も定款に補償条項を定めることを傘下の事業協同組合に指導している。実定法上の根拠として、中協法（中小企業等協同組合法）第20条1項は、脱退組合員に持分の払戻しを請求する権利を認めているが、条文では、組合員が定款の定めるところにより、その持分の全部又は一部の払戻しを請求することができる、と規定しており、持分の実際に有する価額（時価と考えられる価額）を下回る価額で補償することが有効であることを明文で確認している。

　このように定款で補償条項を規定する実務が生じた経緯は、土地の価格が長期的に高騰した結果、組合財産を構成している事業用資産、たとえば工場敷地や共同店舗ビル等の価格が急激に上昇し、それと連動して適切な法律上の対策を講じないと、脱退する組合員に支払わなければならない補償額（持分の払戻額）も急騰して、これらの事業用資産を売却しない限り、持分の払戻しに応ずることができず、トラブルが頻発する事態が生ずるに至ったことにある。現在の法律実務において、持分の全額ではなく一部の払戻し、さらには無償での脱退さえ認める旨の定款規定が全国で広範囲に利用されていることは、事業協同組合の関係者にとって今や周知の事実となっている。

　このような補償条項の許容を熱望する実務界の要望に棹差すものとして、会社法第29条は、株式会社につき定款の任意的記載事項の規定を新設し、株式会社の定款には、この法律の規定により定款の定めがなければその効力を生じない事項およびその他の事項でこの法律の規定に違反しないものを記載し、又は記録することができる旨を定めるに至った。

第14話　非公開会社の機関の概略

❶　基本は有限会社の機関構成

　会社法の機関構成または機関設定は非常に柔軟になっているが、その原点は旧有限会社の機関構成を基礎にして、いわば積み上げ方式を採用したことにある。旧有限会社法は、設置が必要な機関として取締役と社員総会を定めていた。すなわち、旧有限会社法第25条は、「有限会社ニハ一人又ハ数人ノ取締役ヲ置クコトヲ要ス」と定めており、また第35条は、「社員総会ハ本法ニ別段ノ定アル場合ヲ除クノ外取締役之ヲ招集ス」と定めていた。詳細な説明は後に譲るが、会社法のもとでは、最も簡略な株式会社において設置が必要とされているのは、株主総会と一人以上の取締役のみで、極めてシンプルな機関構成を出発点としている。

　このような法制は株式会社に関する理論的な転換に基づいて採用されているのであり、単純に機関の簡略化と考えるべきではない。すなわち、公開株式会社が典型的な株式会社であるという従来の考え方を改めて、非公開株式会社こそ本来的な株式会社であるという会社法学におけるコペルニクス的な転回が生じたのである。歴史的にも理論的にも、株式会社の発生の原点は、個人企業の法人化にある。

　たとえば、個人企業を法人化するときには、2つのメリットを与えることが必要である。第1は、個人の営業用財産と私的な個人用財産を法律上分別することである。そのために、営業用財産を当該企業主と法律上別個のものにすること、つまり営業用財産に「法人格」を付与することである。このことは会社法第3条で満たされる。第3条は簡潔に「会社は、法人とする。」と規定している。次に、第2として、たとえ不幸にして営業活動が破綻した場合にも、営業用財産を超えて、私的な個人用財産にまで営業活動によって生じた債務の債権者の追及を許さない、という原則をビジネスのルールとして確立することである。これは株主

の有限責任と呼ばれる原則であり、会社法第104条は、「株主の責任は、その有する株式の引受価額を限度とする。」と規定している。

会社法の成立過程を顧みると、最も早くこの2つのメリットを認めたのがイギリスであり、前者の「法人格の付与」は1844年法で、後者の「株主の有限責任」は1855年法で立法化された。この制度的枠組みを理論的に精緻にして採用したのがドイツの有限会社法（GMBH-GESETZ）であって、法律家であり国会議員でもあったエッフェルホイザーをリーダーとして1892年に独自に創造された法律である。イギリスは、このような社会学的実態が個人企業である法人の名称として、1907年の会社法で私会社（private company）という用語を採用した。そして、わが国は昭和13年に、ドイツ法を継受して旧有限会社法を制定したのである。長らく旧商法によって規律される株式会社と旧有限会社法によって規律される有限会社という二元的な会社制度が意図されたが、第2次世界大戦後に中小企業も株式会社形態を利用するという現実に直面し、株式会社と有限会社というドイツ型の二元的会社法制から、株式会社について公開会社と非公開会社の二形態を認めるというイギリス型の一元的会社法制を今般の「会社法」は選択したのである。

❷ 正規の手続を欠く決議の取扱いと会社法

今般制定された会社法においては、株式会社の運営に際して、当該機関が法定された手続規定を遵守していない場合に、これを救済する趣旨の確立した最高裁判所の判例および旧有限会社法の規定を明文で取り入れており、非公開会社法の研究者として喜ばしいことであると思う。

まず、株主総会の招集手続の省略について、最高裁判所昭和60年12月20日判決民集39巻8号1896頁は全員出席総会を有効としたが、旧有限会社法においても、第38条で、社員総会は総社員の同意あるときは、招集の手続を経ないで開くことができる旨を定めていた。また、旧有限会社法第19条2項の定める有限会社の社員総会の承認はないが、社員全員の承認のもとになされた持分の譲渡の効力を認める最高裁判所平成

9年3月27日判決判時1602号140頁も存在する。そこで、平成14年の商法改正において、旧商法第236条は、株主総会はその総会において議決権を行使できる株主全員の同意があるときには、招集の手続を経ないで開くことができる旨を定めるに至った。この改正条文を引き継ぎ、会社法第300条は、「株主総会は、株主の全員の同意があるときは、招集の手続を経ることなく開催することができる。」と規定している。

さらに、同じく平成14年改正で規定された旧商法第253条1項を引き継ぎ、会社法第319条1項は、株主総会の決議の省略を認める。すなわち、「取締役又は株主が株主総会の目的である事項について提案をした場合において、当該提案につき株主（当該事項について議決権を行使することができるものに限る。）の全員が書面又は電磁的記録により同意の意思表示をしたときは、当該提案を可決する旨の株主総会の決議があったものとみなす。」旨が定められている。

また、取締役会の決議に関しては、株主全員の同意がある場合に、旧商法第265条の定める取締役会の承認の省略を認めた最高裁判所昭和49年9月26日判決民集28巻6号1306頁があるが、今般の会社法第370条は、「取締役会設置会社は、取締役が取締役会の決議の目的である事項について提案をした場合において、当該提案につき取締役（当該事項について議決に加わることができるものに限る。）の全員が書面又は電磁的記録により同意の意思表示をしたとき（監査役設置会社にあっては、監査役が当該提案について異議を述べたときを除く。）は、当該提案を可決する旨の取締役会の決議があったものとみなす旨を定款で定めることができる。」という規定を新設した。

これらの規定は、その適用要件からして、事実上、非公開会社のみにおいて利用されることになると思われる。このように会社法の制定によって、非公開会社の実態に応じて、株主総会と取締役会の段階において手続規定が簡略化された。

❸ 「議決権のある株主全員の合意は会社を拘束する」というテーゼ

　株式会社の基本的運営は、会社の最高意思決定機関である株主総会および業務運営の機関である取締役（取締役会）を通じて行われる必要がある。しかし、非公開会社では株主数が少なく、かつ、株主が同時に取締役に就任する場合がまれではなく、いわゆる「所有」と「経営」の一致がしばしば見られる。したがって、従来のように公開会社を念頭において設計された各種の機関の厳格な手続規定を遵守すべき旨を要求することは、株主全員が何らかの形で会社の意思決定に直接参加している限り、各株主の利益は十分に保護されており、屋上屋を架す類の多重の機関決定を無理に要求することにもなりかねない。その意味では、会社法で定める各種決議の省略は、手続規定の見直しによる簡略化として賛同することができる。

　もっとも、この手続規定の見直しを単純な機関構成の簡略化と把握するのではなく、会社法理の観点からも深く理解しなければならない。会社法による今回の見直しは、簡潔に一言で表現すると、「議決権ある株主（取締役）全員による合意事項は会社を拘束する効力がある」ということである。すなわち、当該事項が株主総会決議事項であれば株主総会の決議があったとみなすことができ、また、取締役会決議事項であれば取締役会の決議があったとみなすことができるということである。

　この「議決権ある株主（取締役）全員による合意事項は会社を拘束する」というテーゼは、非公開会社について、その内部関係を組合に準じて規律するということであり、私見では、その意味では、非公開会社の法的性格はイギリスの私会社（private company）のように準組合（quasi-partnership）であると考える。

第15話　非公開会社と株主総会

❶　戦前における万能の意思決定機関

　従来の株主総会における決議事項は、商法の規定により限定されていた。旧商法第230条ノ10は、株主総会は、商法または定款に定める事項に限り決議をなすことができると定めていた。この規定は、株式会社に取締役会制度が導入された昭和25年の商法改正により追加されたものである。それ以前は、株主総会は株式会社のすべての事項について決定できる「万能の機関」とされていた。しかし、新たに取締役会制度が導入されたことで、機関相互間で権限分配の見直しがなされて、株主総会の権限が縮小され、会社の基本的な事項に限り決議できる、というように改められたものである。

　しかし、このような説明はこの昭和25年改正の真の意図を直視していないと思われる。第2次世界大戦の敗北により、経済民主化措置が実行され、経済界においては戦争加担者を公職追放（パージ）することになった。このパージの結果、それまで会社の経営を担っていた財閥の経営者や巨大企業の役職者が一斉に解職され、いままで要職についていなかった部長とか課長クラスの中下層の管理者が、いきなり最高経営者の地位に就いたのであり、いわゆる「三等重役」が各社において出現したのである。この「三等重役」が恐れたのが会社の支配権の裏付けである支配株式を持った「株主」の存在であり、この株主を会社の経営から遠ざける法的保障が要請された。

　そこで定められたのが、旧商法第230条ノ10の規定であり、いわば株主＝株主総会に「拘束着」を着せさせるものであった。立法美学の観点からしてもおかしな条文の配列である。旧商法第230条ノ9ノ2までが「株式」に関する規定で、次に節と款を改めて「株主総会」の規定である旧商法第230条ノ10が定められており、第231条の「株主総会の

招集」の規定が続くのである。このことから明瞭にわかることは、旧商法第230条ノ10の規定は本来あってはならない規定であるということである。第231条に繋げるのであれば、第231条マイナス1条とすべきであったという冗談も言いたくなる。

「三等重役」の地位の保障について言えば、もう一つ旧商法第254条2項の規定もこれに該当する。詳しくは「第16話　非公開会社の取締役（取締役会）」において説明するが、会社法の制定までは、株式会社においては定款の定めをもってしても、取締役の資格として株主であることを要件とすることができなかった。それほど会社の経営者にとって「株主」の存在は怖いのであろうか。しかし、現実には、使用人から役員（取締役・監査役・執行役）になるときに、使用人としての退職金で当該会社の株式を相当程度購入するのが慣行になっていると言われている。

❷　会社法のもとでの株主総会

これに対して、会社法は、株主総会の権限事項について、二元的な規定の定め方をしている。すなわち、会社法第295条は、第1項で、株主総会は、会社法に規定する事項および株式会社の組織、運営、管理その他株式会社に関する一切の事項について決議をすることができると定めるとともに、第2項で、取締役会設置会社においては、株主総会は、会社法に規定する事項および定款で定めた事項に限り、決議をすることができると定めている。このように、会社法は、株主総会の権限について、取締役会設置会社の場合には、従来これを義務づけていた旧商法と同様の権限とし、取締役会を設置していない会社の場合には、従来、取締役会の存在しなかった旧有限会社の社員総会の権限と同様に、これに万能の権限を与える。この2つの基準を使い分けているのであるが、第1項を原則的な規定と考えるならば、会社法は、株主総会を万能の機関と考えていると解することもあながち誤りとすることはできない。さらに、新設した第3項で、会社法の規定により株主総会の決議を必要とする事

項について、取締役、執行役、取締役会その他の株主総会以外の機関が決定することができる旨を定める定款の規定は、その効力を有しないと明文で定めており、なおさら株主総会の権限を高めている。

　この株主総会に関する法的問題点として、手続規定の不遵守についてどのように取り扱うべきかが長らく争われてきたが、会社法では最高裁判所の判例や学説の研究成果を取り入れて、新たな規定を設けたことについては「第14話　非公開会社の機関の概略」で言及しておいたが、ここで再度この点を確認しておく。

　まず、会社法第300条本文は、「株主総会は、株主全員の同意があるときは、招集の手続を経ることなく開催することができる」旨を定めており、この取扱いは、最高裁判所の認めた「全員出席総会」以上に総会の招集手続の省略を認めるものである。また、会社法第319条は、「取締役又は株主が株主総会の目的である事項について提案した場合において、当該提案につき株主（当該事項について議決権を行使することができるものに限る。）の全員が書面又は電磁的記録により同意の意思表示をしたときは、当該提案を可決する旨の株主総会の決議があったものとみなす。」旨を定めている。この規定は、以前から私が常々言ってきたテーゼ、すなわち「議決権ある株主全員の合意は会社を拘束し、それが株主総会事項であれば株主総会決議があったものとみなされる」を、株主の同意の立証手段を付加して実定法化したものと推測してよいであろう。

　非公開会社においては、株主の数が限定されているので、実務上では、電磁的記録が用いられることはほとんど考えられず、登記の便宜の観点からしても書面による「持ち回り決議」が多く利用されると予想される。これに反して、公開会社では、この規定を用いることはほとんど考えられない。株主全員の同意を得ることは、株主数が巨大な上場会社を典型とする公開会社では、たとえ電磁的方法を利用するとしても実際上不可能である。ただし、複数の種類株式を発行しており、議決権付株式がほんのわずかな数にとどまるときには、この「株主総会の決議の省略」の

メリットを享受することも可能であろう。

❸ 準組合法理の展開

　非公開会社の内部関係は組合に準じており、イギリス会社法の原則が採用されるべきこと、すなわち準組合法理（quasi-partnership principle）が適用されるべきことは繰り返し主張してきたところである。この株主関係の法的特質から、各株主には相互に忠実義務（fiduciary duty）が課せられる。これは言うならばフェアプレーの精神というべきものであり、各株主は相互に他の株主の権利を尊重しながら、自己の権利を行使し義務を履行しなければならないということである。また、株主は、会社の設立の経緯や会社運営の実績から、当然要求することができる合理的期待（reasonable expectation）を抱くことができ、他の株主に対して、その期待を尊重して行動することを要求することができる。要するに、この株主間の関係（株主間の関係を現実化するのが株主総会決議である。）の規制は、非公開会社の内部関係を準組合と考える原則から派生するコロラリーであって、非公開会社の内部関係の法的規制にとって忘れてはならない鍵概念である。

　これらの法律概念は、19世紀中葉のイギリス会社法に源を発している。わが国の旧商法第2編（会社編）は、ドイツ法を継受しており、そのためにわが国の会社法学の骨格はドイツの会社法学に依拠しているといってよい。この点については、公開株式会社にドイツ会社法学の研究成果を取り込むことはなんら問題がないといえるが、こと非公開株式会社（特例有限会社）の内部関係の処理については、イギリス会社法の原理・原則を参酌することが有意義であると思われる。今般の「会社法」の立法過程において、法制審議会会社法（現代化関係）部会の部会長であった江頭憲治郎東京大学教授が、2006年に制定されたイギリスの新「会社法」の立法動向に意を配っていたことからしても、イギリス会社法は無視し得ない「法源」であり、今後イギリス法も幅広く研究の対象として注目されるであろう。

第 16 話　非公開会社の取締役（取締役会）

❶　取締役制度の改正

　今般の会社法の制定により、株式会社の機関の設計が従来の旧商法による規制と比べて、格段に柔軟になったことが指摘できる。株式会社には、株主総会（会社法 295 条以下）および一人または二人以上の取締役を必須の機関として置かなければならないが（会社法 326 条 1 項）、その他の会社の機関は原則として任意的設置機関とされている。すなわち、取締役会、監査役・監査役会、会計監査人、委員会（指名委員会、監査委員会、報酬委員会）、執行役および会計参与という会社の機関は、「株主総会＋取締役」という基本的な機関設計の土台の上に積み上げ方式により、さらに追加していくことが可能となっている。
　より重要なことは、会社の業務執行における株主中心主義が、株主総会を必須の機関としているばかりではなく、取締役の資格についても貫かれていることである。旧商法第 254 条 2 項は、株式会社においては、会社は、定款によって規定しても、取締役が株主であることを要すべき旨を定めることができない、としていた。この規定の存在を合理化する会社法学者は、会社の業務運営に当たる取締役の資格を株主に限定すると、経営の専門家である人材を取締役に登用することができない場合があり、会社運営に支障を来すからである、と主張していた。しかし、この規定の趣旨は、明確に第 2 次世界大戦後の経済民主化措置、具体的には財閥解体や過度経済力集中排除による戦争協力者の公職追放による「恩恵」で経営者になれた、いわゆる「三等重役」の地位を保全する趣旨のものであった。このように本来大規模な株式会社における取締役の資格に関する規定であるから、旧有限会社法については、この定めに対応する規定は存在しなかった。
　ところが、会社法第 331 条 2 項は、「株式会社は、取締役が株主でな

ければならない旨を定款で定めることができない。ただし、公開会社でない株式会社においては、この限りでない。」と定めるに至った。この「公開会社でない株式会社」とは、会社法第2条5号の定義規定（公開会社）の反対解釈から「非公開会社」、すなわち「すべての種類の株式について株式の譲渡制限が付されている株式会社」を意味することになる。したがって、会社法のもとでは、すべての株式について譲渡制限を付すことにより、取締役を株主に限るという定款規定を置くことも可能になった。ちなみに、私が委員長を務めて全国中小企業団体中央会が策定した「定款参考例」では、「当会社の取締役は、当会社の株主の中から選任する。ただし、必要があるときは、株主以外の者から選任することを妨げない。」という定款規定を採用している。

　この「定款参考例」は非公開会社を念頭において策定したものであるが、会社法第331条2項とは逆に、取締役は株主から選任されるのが原則であり、例外的に株主以外の者から選べることとしたものである。私は、日本私法学会において長い間、取締役の資格を株主に限定することを主張していたが、これに対して、京都大学の森本滋教授が私の意見について「牧歌的な時代の見解である」と反論していた。結局、両者の考えていた「株式会社」とは、私が非公開会社であり、森本教授が公開会社を想定していたことがいまや鮮明になってきた。この点においては、新たな会社法が互いの相違点を明らかにしたと評価できるであろう。

❷　取締役の選解任・員数・任期

　取締役の選解任について、旧商法では、株式会社における取締役の選任の決議要件は普通決議とされ（旧商法254条1項・239条1項）、解任の決議要件は特別決議とされていた（旧商法257条1項2項・343条）。しかし、会社法では、取締役の選任決議のみならず解任の決議要件も普通決議とされている。すなわち、取締役を選任し、または解任する株主総会の決議は、議決権を行使することができる株主の議決権の過半数（3分の1以上の割合を定款で定めた場合にあっては、その割合以上）を有

する株主が出席し、出席した当該株主の議決権の過半数（これを上回る割合を定款で定めた場合にあっては、その割合以上）をもって行わなければならない、と定めている（会社法341条）。改正の趣旨は、取締役の地位の安定よりも株主の意向を重視したことにある。なお、取締役を選解任する際の株主総会の定足数および決議要件は、定款で別段の定めを設けることにより、加重することも軽減することもできるが、定足数についての軽減の限度は、会社法第341条の定めるように3分の1までとされている。

次に、取締役の員数は、旧商法では、株式会社においては3名以上とされ（旧商法255条）、旧有限会社においては一人で足りる（旧有限会社法25条）とされていた。会社法では、取締役の員数は、従来の有限会社と同じく一人で足りるとしている（会社法326条1項）。取締役の員数は、定款の規定でその下限を定めることもできるし、あるいは「何名以内」と上限を定める方法もある。この規定により、従来のように法定または定款に定める取締役の員数を充たすため、オーナー経営者が「藁人形」としての取締役を利用するという悪しき慣行を根絶することが期待される。

取締役の任期について、会社法第332条は、選任後2年以内に終了する事業年度のうち最終のものに関する定時株主総会の終結の時までとすることを原則としている（最初の取締役の任期を1年以内とする旧商法第256条2項の規定に対応する規定は置かれていない。）。また、定款または株主総会の決議によって、その任期を短縮することもできる（会社法332条但し書）。これに対して、非公開会社であって、委員会設置会社でない会社については、定款によって、取締役の任期を選任後10年以内に終了する事業年度のうち最終のものに関する定時株主総会の終結の時まで伸長することが可能である（会社法332条2項）。

旧有限会社法では、取締役について任期の定めがなく、生涯の間取締役の地位に留まることができたが、非公開会社としては定款で10年の任期を定めることができることで妥協が成立した。もっとも、特例有限

会社に留まる会社は、整備法第18条が会社法第332条を適用除外にしているので任期の定めがなく、従来どおりの取扱いを受け、生涯の間取締役の地位に留まることができる。

❸ 取締役会の設置

　旧商法では、取締役会は、株式会社の必要的機関とされていたが（旧商法260条1項）、会社法では、取締役会は株式会社の必要的機関ではなくなり（会社法326条2項）、取締役会を設置した場合は、取締役会設置会社である旨の登記をすることになる（会社法911条3項15号）。この際の留意点は、会社法では、非公開会社の取締役の員数は一人で足りる（会社法326条1項）とされているが、取締役会を設置する会社においては、非公開会社であっても、取締役の員数は、三人以上でなければならない（会社法331条4項）ということである。

　なお、取締役会の決議は、会社法第369条1項の定めるところにより、議決に加わることができる取締役の過半数（これを上回る割合を定款で定めた場合にあっては、その割合以上）が出席し、その過半数（これを上回る割合を定款で定めた場合にあっては、その割合以上）をもって行うのが原則であるが、会社法は、取締役会の決議の省略を認めている。すなわち、会社法第370条は、「取締役会設置会社は、取締役が取締役会の決議の目的である事項について提案をした場合において、当該提案につき取締役（当該事項について議決に加わることができるものに限る。）の全員が書面又は電磁的記録により同意の意思表示をしたとき（監査役設置会社にあっては、監査役が当該提案について異議を述べたときを除く。）は、当該提案を可決する旨の取締役会の決議があったものとみなす旨を定款で定めることができる。」という規定を新設した。

第17話　会計参与について

❶　会計参与の設置

　会社法では、定款の定めにより、会計参与を置くことができる（会社法326条2項）。会計参与とは、取締役と共同して計算書類およびその附属明細書、臨時計算書類ならびに連結計算書類を作成する会社の機関である（会社法374条1項）。すべての会社は、定款の定めるところにより会計参与を置くことができる。会計参与は、会計専門家である役員として、会社の内部において、計算書類等の作成に当たり、会計参与報告を法務省令（会社法施行規則）に定めるところにより作成しなければならない。会計参与報告の内容については、会社法施行規則（平成18年法務省令第12号）第102条に詳細に定められている。会計参与になり得る者は、公認会計士もしくは監査法人または税理士もしくは税理士法人であることを要し（会社法333条1項）、会計参与に選任された監査法人または税理士法人は、その社員の中から会計参与の職務を行うべき者を選定し、これを会社に通知しなければならない（同条2項）。

　今般の会社法の制定において、会社における計算書類の正確性を担保するために、会計参与という会社役員の制度が創設されたが、平成2年の商法改正の折には、会計調査という簡易な外部監査制度の導入が試みられた。当時の構想では会計調査人になり得る者は、公認会計士、監査法人、または税理士であった（平成2年の段階ではまだ税理士法人という制度がなかった。）。この会計調査人の会計調査を受けた貸借対照表またはその要旨が、新たに創設される予定であった商業登記所に備え置かれることが予定されていた。ところが、法制審議会商法部会および総会を通過した改正要綱に基づいて法務省で作成された法案が、閣議決定の前に撤回されるという極めて珍しい椿事が生じたのである。

　法務省の作成した法案は、当時の政権政党であった自由民主党政務調

査会法務部会の事前審査にかかったが反対論が強く、結局、会計調査と商業登記所における備え置きの制度は政務調査会と法務部会の合同部会で平成2年の商法改正から除外されることになったのである。当時は中小企業団体を中心として会計調査の導入に経済界の反対が厳しく、この結果はやむを得ないと思われた。また、税理士と公認会計士の職域問題も絡み、複雑に政治問題化した側面も否めない。今般、会計参与という制度で一度は挫折した構想が形を変えて実現したことについて、当時の事情を知る者としては感慨深いものがある。当時、中小企業団体はこぞって会計調査の導入に反対の立場を表明したが、今回の会社法による会計参与の制度については積極的に賛同しており、傘下の各種団体にその設置を薦める方向を鮮明にしている。たとえば、全国中小企業団体中央会は、その定款参考例で、いかなる機関構成を採用しているかにかかわらず、会計参与を設置することを薦めている。むしろ、会計参与の負うべき責任の内容が明確になっていないとして、公認会計士と税理士の会計専門家に戸惑いが見られるように思われるが、大勢は会計参与の設置の方向に動いていると言ってよいであろう。

❷ 会計参与の選任・任期・職務

　会計参与は会社の役員として位置づけられているので、取締役および監査役と同様に、株主総会の決議によって選任される（会社法329条1項）。会計参与は、前述したように会計の専門家である公認会計士もしくは監査法人または税理士もしくは税理士法人でなければならないとされており（会社法333条1項）、株式会社またはその子会社の取締役、監査役もしくは執行役または支配人その他の使用人との兼職が禁じられている（会社法333条3項1号）。また、会計参与は当該会社の会計監査人になることはできない（会社法337条3項2号）。

　会社法第334条1項は、取締役の任期に関する規定である会社法第332条の規定を会計参与の任期について準用するものとしている。したがって、会計参与の任期は、原則として、選任後2年以内に終了する事

業年度のうち最終のものに関する定時株主総会の終結の時までとなるが（定款または株主総会の決議によって、任期の短縮は可能である）、非公開会社（公開会社でない株式会社）であって取締役会設置会社でない会社は、定款によって、会計参与の任期を選任後10年以内に終了する事業年度のうち最終のものに関する定時株主総会の終結の時まで伸張することができる（会社法334条1項・332条2項）。

　会計参与は、取締役と共同して、計算書類およびその附属明細書、臨時計算書類ならびに連結計算書類を作成するものとされており、この場合において、会計参与は、会社法施行規則第102条に定めるところにより、会計参与報告を作成しなければならないとされている（会社法374条1項）。このように会計参与は、会計専門家である役員として、会社の内部において、計算書類等の作成に当たる。

　取締役会設置会社の会計参与（会計参与が監査法人または税理士法人である場合にあっては、その職務を行うべき社員）は、計算書類等の承認をする取締役会に出席し、必要があると認めるときは、意見を述べなければならない（会社法376条1項）。また、会計参与は、株主総会において、株主から特定の事項について説明を求められた場合には、当該事項について必要な説明をしなければならず（会社法314条）、その職務を行うに際して取締役の職務の執行に関し不正の行為または法令もしくは定款に違反する重大な事実があることを発見したときは、遅滞なく、これを株主等に報告しなければならない（会社法375条1項）。

　会計参与は、各事業年度の計算書類等および会計参与報告を、一定期間、会社法施行規則第103条の定めに従い、当該会計参与が定めた場所（会計参与報告等備置場所）に備え置かなければならない（会社法378条1項）。また、会計参与設置会社の株主および債権者は、会計参与設置会社の営業時間内は、いつでも、会計参与に対し、計算書類等の閲覧や謄抄本等を請求することができる、とされている（会社法378条2項）。ただし、営業時間内であっても、会計参与である公認会計士もしくは監査法人または税理士もしくは税理士法人の業務時間外である場

合は、これらの請求をすることができない（会社法施行規則104条）。

❸ 会計参与の責任

　会計参与は、取締役と同様に、その任務を怠ったときは、株式会社に対し、これによって生じた損害を賠償する責任を負い（会社法423条1項）、その職務を行うについて悪意または重大な過失があったときは、これによって第三者に生じた損害を賠償する責任を負う（会社法429条1項）。前者の会計参与の会社に対する責任については、株主による「責任追及等の訴え」の対象になる（会社法847条1項）。

　会計参与の株式会社に対する責任は、総株主の同意がなければ免除できないのが原則であるが（会社法424条）、会社法第427条1項は、株式会社は、会計参与の任務懈怠責任につき、当該会計参与が職務を行うにつき善意でかつ重大な過失がないときは、定款で定めた額の範囲内であらかじめ株式会社が定めた額と最低責任限度額とのいずれか高い額を限度とする旨の契約（責任限定契約）を、会計参与と締結することができる旨を定款で定めることができる、と規定している。この規定の趣旨は、会計参与に過大な責任を負わせるときは、有能な人材を得ることができないことも想定され、また、会計参与に就任する条件として、責任限定契約の締結を求められる事態も考えられるところであり、定款に責任限定契約に関する規定を設けることには意味があると思われ、あながち不合理な規定と考えることはできないからである。定款例として、「当会社は、会計参与との間で、会社法第423条第1項の責任を限定する契約を締結することができる。会社法第427条第1項に規定する定款所定の額は、金1千万円とする。」などが考えられる。

第18話　非公開会社における計算書類の公開

❶　会社法の改正とアメリカの謀略

　今回のテーマは、この連載における最も重大かつ微妙な問題について解説することにする。今般の『会社法』は会社法制の現代化をスローガンに、明治32年に制定された商法第2編（会社編）などの全面的な見直しをしたという名目であるが、その改正の実質的な契機となったのは、平成2年6月28日に合意した「日米構造問題協議最終報告・日本側措置」である。この日本側措置の中には、明確に「商法によるディスクロージャーの制度及び株主の権利の拡充並びに合併の弾力化等について、今後の法制審議会において検討する。」として、日本政府は平成2年の段階ですでに「会社法の見直し」を約束させられていたのである。そして、小泉政権は、この既定路線を「構造改革」の名称で忠実に実行したのである。

　この「日米構造協議」なるものの本質については、松下満雄東京大学教授（当時）ほか著のコンパクトな解説書『変容する日米経済の法的構造』（東洋堂企画出版社、平成3年9月発刊）の「はじめに」の一部を引用するのが最もわかりやすいであろう。松下教授らは執筆者を代表して、「本書の制作がかなり進んだ段階において、いわゆる『日米経済協議』（1990年6月）が終結した。これは日本の公共投資、土地制度、商慣行、制限的取引、企業系列などについて大きな変更を迫るものであり、これが成功するか否かにより日米関係がかかっている面もある。また、これにより、伝統的な日本の企業慣行が修正を迫られることも予想される。このような意味において、わが国は経済体制の面においては明治維新、第二次大戦後の大改革に次いで、第三回目の大改革を迫られており、まさに『平成維新』とも称すべき時代にあるといえよう。」と述べている。すなわち「会社法」は、アメリカ資本が日本に上陸するために用意され

た側面が強いのであり、わが国はアメリカに三度目の敗北を喫したのである。

本来、企業法制は、各国独自のものであり得るというのが、長い間、国際的に認められてきたルールである。これに対して、企業取引の面においては、世界的に統一化することがあり得るのであり、この結果として、比較優位の原則に基づいて、国際分業による経済的メリットがあることは経済学の初歩的な命題である。しかし、企業法制については、各国の到達した経済段階の違いや伝統的な社会構造の相違により、各々異なって然るべきというのが、少なくとも中世の封建制度を経験した先進諸国においては暗黙の了解事項であった。

然るに、最も困ったことに、世界経済の牽引諸国の中でただ一国、アメリカ合衆国のみが異端児として「会社法のグローバリゼイション」と称して、この伝統的な企業法制における黙契を破ろうとして血道をあげているのである。アメリカの会社法は、州（正確にはSTATEであるから国家である。）に立法管轄権があるから、50の各々内容の異なる会社法が存在している。そして、利用者である企業に対して、より便利で使いやすい会社法を作っては、各州が競って「販売合戦」を熾烈に行っているのである。

❷　計算書類の公告

公開会社については、開示制度（ディスクロージャー）の強化は当然に行うべきであるが、非公開会社については、株主も会社債権者も容易に会社の財務内容を知り得るので、それほど神経質になる必要はないと思われる。むしろ、会社にまったく関係ない者に、会社情報が悪用されるおそれがある。しかし、非公開会社も含めて、会社法のもとでは、すべての株式会社について、計算書類の公告が必要とされている。

会社法第440条1項は、株式会社は、法務省令（会社計算規則164条）で定めるところにより、定時株主総会の終結後遅滞なく、貸借対照表を公告しなければならない。しかし、第2項で、公告方法が官報に掲載す

る方法（会社法939条1項1号）または時事に関する事項を掲載する日刊新聞紙に掲載する方法（会社法939条1項2号）である株式会社は、貸借対照表の要旨を公告することで足りるとされている。そして、この官報または日刊新聞紙を公告の媒体にしている会社は、法務省令（会社計算規則175条）で定めるところにより、定時株主総会の終結後遅滞なく、貸借対照表の内容である情報を、定時株主総会の終結の日後5年を経過する日までの間、継続して電磁的方法により不特定多数の者が提供を受けることができる状態に置く措置をとることができ、この場合においては、公告をすることを要しない（会社法440条3項）。この貸借対照表の電磁的方法による公開の方法とは、会社計算規則第175条に定めるところによると、会社法施行規則第222条1項1号ロに掲げる方法のうち、インターネットに接続された自動公衆送信装置（公衆の用に供する電気通信回線に接続することにより、その記録媒体のうち自動公衆送信の用に供する部分に記録され、又は当該装置に入力される情報を自動公衆送信する機能を有する装置をいう。）を使用する方法によって行わなければならない、ということである。

　電磁的方法による開示制度は、平成13年の商法改正（平成13年法律第128号）ですでに導入されていたものであり、従来の官報または日刊新聞紙上における「公告」の制度が遵守されていないという現状を改善することになると期待されていた。しかし、この制度についても平成13年改正以後の経験が示しているように、非公開会社においてはその実効性に大いに疑念が残っている。そもそも、平成2年の商法改正の際に、公告制度が有名無実化していたので、立法部局としては、商業登記所における公開の制度を立案したが、この提案が頓挫したので、平成13年改正法（法律第128号）において、高度情報化社会の到来に対応して、従来からの公告の制度に加えて、電磁的方法による公開を選択することを認めた。このインターネットのホームページを利用した開示のほうが、費用の削減が可能であるばかりか、圧倒的に実効性が高いと指摘されていたが、その期待は甘い見通しに終わらないだろうか。なお、

この公告または電磁的開示を怠った場合、取締役は百万円以下の過料に処せられることになっているが（会社法 976 条 2 号・3 号）、この制裁は、現在では完全に有名無実化しており、今後も発動されるとは思えない。

❸ 特例有限会社における開示

　企業における開示制度の強化は、多分にアメリカの要求に応えるものである。非公開株式会社として、貸借対照表またはその要旨の「公告」、あるいは「電磁的方法による開示」を免れるためには、従来の会社法制のもとでは、有限会社に組織変更する手段があった。旧有限会社法第 46 条は、旧商法第 283 条の第 1 項のみを準用していた。したがって、旧商法第 283 条の第 4 項・5 項の「貸借対照表またはその要旨の公告」は、旧有限会社では法律上義務づけられていなかったのである。また、会社法においては、特例有限会社も原則的には株式会社と同様に取り扱われるが（整備法 2 条 1 項）、特例有限会社については特則により会社法第 440 条の適用はなく、貸借対照表またはその要旨の公告の義務はないのである（整備法 28 条）。

　本来、有限会社における公告義務の不存在は、有限会社の非公開性を考慮して開示手続を緩和したものとされている。この点については、有限会社に公告費用等の負担を課すべきではないが、社員有限責任の会社である以上、立法論としては、既存の会社債権者以外の者が当該有限会社との取引の可否等を判断するため会社の財務状況を知り得る手段を用意する必要がある、という意見もみられる。しかし、私見では、有限会社における開示規制の強化論は受け容れ難い。公開会社、特に上場会社は証券市場で投資家から大量に資金を調達しているのに対して、非公開会社では一群の株主集団から零細な資金の拠出を求めささやかな事業を営んでいるにすぎない。非公開会社のための会社形態としての特例有限会社については、公告義務の適用免除は妥当な措置であると思う。

第19話　特例有限会社の存続

❶ 有限会社法の廃止

　会社法の施行日（平成18年5月1日）に現に存在していた有限会社は、「特例有限会社」として今後も存続することができる。会社法と同時に施行された「会社法の施行に伴う関係法律の整備等に関する法律」、いわゆる整備法第2条1項は、有限会社法（昭和13年法律第74号）が整備法第1条3号の規定により廃止されるので、この旧有限会社法の規定による有限会社であって整備法の施行の際に現に存するもの（旧有限会社といわれる。）は、整備法の施行日以後は、第2節（有限会社法の廃止に伴う経過措置）の定めるところにより、「会社法」の規定による株式会社として存続するものとする、と定めている。これを簡単に説明すると、従来の有限会社は、有限会社法が廃止されるので特例有限会社という名称で存続するが、会社法のみしか会社の組織を規律する法律がないので、今後は会社法における株式会社として取り扱われるのが原則であるとしても、整備法の第3条から第46条の特例措置が適用になる、ということである。
　このように平成17年（法律第86号）に制定され平成18年5月1日に施行された「会社法」は、旧有限会社を廃止して、従来の株式の譲渡につき定款で制限を定めた株式会社と有限会社を非公開株式会社として、一つの会社形態として規律することとした。このような規律の一体化は、会社法が株式会社の機関設計について、公開株式会社と非公開株式会社とを問わず、株主総会および取締役1名のみを必置の機関とするという従来の有限会社型を「基本型」とし（会社法295条1項・326条1項）、会社の規模の拡大とその選択に応じて、取締役会とか、監査役などを付け加えていく（会社法326条2項）というアプローチを採用したことによって実現した。この反面において、非公開会社の規律が曲がりなりに

も一本化されたために、会社法の施行後は新たに有限会社を設立することはできない。また、この特例有限会社については、将来、株式会社に統合されるということはまったく定められていない。この点については、H名古屋大学教授が5年以内に特例有限会社を株式会社に統合すべきであるという意見を会社法（現代化関係）部会で述べたといわれているが、部会ではこの意見はまったく無視されたようである。

❷ 有限会社法の廃止の理由

なぜ会社法の制定に伴い有限会社法を廃止したかについては、判然と納得しがたい点がある。旧有限会社に関して、会社法施行後も有限会社法を維持し続ければ、わざわざ有限会社法を廃止する必要がなかったのではないか、という疑問がある。

この疑問については、次の2点が指摘されている。第1に、会社法は株式会社と有限会社の規律を一体化する方針であったため、旧有限会社に関して有限会社法を維持し続けると、廃止されたはずの有限会社法がなお効力を有する法律として法令集に残り続けることになってしまい、混乱を招くおそれがあること、第2に、旧有限会社法は、旧商法第2編（会社編）の規定を多数準用していたところ、会社法の施行によって同規定が廃止されたため、会社法の施行の後に存在する有限会社に対して、どのような規定が適用されるのかは、廃止前の旧商法の規定を調べなければ判明しなくなり非常に不便であること、が挙げられている。

また、株式会社と有限会社を一つの会社形態として規律するのであれば、旧有限会社を株式会社に組織変更して、旧有限会社制度そのものを廃止してしまう方途も考えられるところであった。しかし、この場合には、旧有限会社は統計によると140万社以上存在していたことから、旧有限会社を一斉に株式会社に移行させることは実務上多大な混乱を伴うことが判明していた。そこで、会社法施行後は、商号を変更して会社法の適用を受ける株式会社へと移行することができる（整備法45条・46条）こととし、経過措置により、その商号中に「有限会社」の文字を使用す

る「特例有限会社」という名の株式会社として存続し、旧有限会社について認められていた制度を維持することができることとされた(整備法2条・3条)。

特例有限会社は、法律上の建前では、旧有限会社から株式会社へと円滑に移行させるための制度として、経過措置として位置づけられているが、様々な利点があることから、特例有限会社のまま存続し続けることも可能である。その場合には、定款変更や登記申請などの特段の手続は要求されずに、旧有限会社としての組織の規律を維持し続けることができる。特例有限会社から株式会社への強制的な転換は一切規定されていない。特例有限会社として存続した場合、株式会社であるため会社法の規定が適用されるとともに、特例有限会社としての特有の制度については整備法によって規律されるという二元的な取扱いに服することとなる。

このように旧有限会社は、特例有限会社として存続し続けることができるが、特例有限会社への移行後に経営環境をめぐる事情の変化により、通常の株式会社へ移行する必要が生ずる場合もある。その場合には、以下の方法で移行する途が開かれている。

旧法のもとでは、有限会社から株式会社になるためには、「組織変更」の手続によらなければならなかった(旧有限会社法67条)。しかし、特例有限会社から通常の株式会社に移行するには「商号の変更」による。すなわち、商号中に株式会社という文字を用いる商号変更(定款変更)を行う(整備法45条1項)。定款を変更するためには、株主総会の特別決議を必要とする(整備法14条3項、会社法309条2項11号)。この定款の変更の効力は、本店所在地における登記によって発生し(整備法45条2項)、この登記の完了によって、特例有限会社が通常の株式会社へと移行することになる。

❸ 有限会社制度の廃止の是非を問う

この論稿を執筆している机上に、鴻常夫先生の貴重な小著『有限会社法の研究』(文久書林、昭和47年)が置いてある。鴻先生は、「はしがき」

において、「比較的少人数による小規模の中小企業に適する会社形態としての有限会社というものについて、もっと研究が進められて然るべきものと、わたくしは、考えている」と述べられている。そして、所収されている論文「有限会社の比較法的研究（フランス法を中心とする考察）」（69頁～131頁）の執筆の経緯について、「はしがき」で、「昭和25年改正に引き続いて有限会社法の改正問題が立法当局によって取り上げられていた当時に、東京大学商法研究会のメンバーの最末席にあったわたくしが『有限会社の比較法的研究』の一部として『フランス法を中心とする考察』を分担した際の報告の一部である」とも述べられている。

　本書は、当時ドイツの有限会社について研究を始めたばかりの私にとって貴重な文献であり、書物にあまり書き込みをしない性格なのに、109頁に一筋の鉛筆の線が入っている。「これに反し、法22条の規定が死亡社員の相続人に適用がないことは疑がない。」という箇所である。すなわち、有限会社の持分について、その譲渡には会社の同意が必要であるが、その相続については会社の同意が不要ということが、当時の公権的解釈であったことを鴻先生は指摘されたのである。しかし、月日のたつのは早く、「第10話　株式と企業承継」で説明したように、フランスにおいても企業承継について定款の作成実務が発展し、この定款条項を有効とした破毀院判決をめぐる学説の混乱を収拾するため、有限会社の持分の相続の際にも会社の同意を必要とする立法（有限会社法44条）が1966年（昭和41年）になされ、現在では商法典第3章（有限会社）第223－13条となっている。

　私の印象では、鴻先生の叱咤激励にもかかわらず、わが国では有限会社についての研究は、その後本格的になされなかったように思われるのであり、極めて遺憾である。会社法の制定の過程で、「月刊　監査役」という雑誌において、鴻先生が有限会社を軽んずる立法姿勢を批判される趣旨の論文を発表されていたが、私もまったく同感である。

第 20 話　特例有限会社の特質

❶　特例有限会社の法的性格

　特例有限会社の法的性格を一言で表現すると、「社員に有限責任が認められた合名会社」である、ということである。この点の理解がまったく欠けていたので、「会社法」の制定に際して、今般「合同会社」という訳のわからない会社形態が創設されたのであり、遺憾この上ないことであると思う。この点に関する説明については、商法（会社法）立法史における次のエピソードを紹介することで足りるであろう。

　思い起こすと、たぶん昭和48年の春頃と思うが、昭和49年に成立した商法改正の準備のため組織された商法研究会の席上において、ドイツの会社法制について商法改正の参考にするため招聘されたヴィルディンガー教授が、竹内昭夫東京大学教授の「有限会社の法的性格を簡単に説明してください」という質問について、簡単かつ明瞭に「社員に有限責任が認められた合名会社」であると回答されたのである。

　ここで当時（現在でも同様と思われる。）の商法改正のプロセスを述べると、法制審議会商法部会の前に幹事会が開かれて下準備がなされるが、それ以前に商法部会の委員の中核である東京大学商法研究会のメンバーを中心として、「商法研究会」という私的な研究会が組織され、商法部会で予定されている検討事項についてあらかじめ調査や意見の統一が行われる。その際、海外の著名な商法学者が招聘されて、短期間のセミナーでその意見や見解を伺うことも多いのである。このセミナーは八丁堀（当時）にあった(社)商事法務研究会の会議室か茅場町にあった(財)日本証券経済研究所の会議室で開催された。

　本題に戻ると、「商法研究会」は会長（鈴木竹雄東京大学名誉教授）のもと7班に分かれて、それぞれ2名の責任者が存在した。第7班は竹内教授と大原栄一近畿大学教授が責任者であり、「大小会社区分立法」

第20話　特例有限会社の特質

の担当であった。この研究会の席上、くだんのヴィルディンガー教授の発言があったのである。私は、研究指導教官である竹内先生から閉鎖会社（現在の正確な学術用語では非公開会社）法理について研究することを命じられており、すでにかなり研究も進んでいたのであるが、この際に是非ドイツの有限会社（GmbH）法理について伺いたいと思って、竹内先生にお願いしてずうずうしくも研究会にもぐりこんでいたのである。休憩時間に「有限会社の持分の相続の取扱いについてドイツではどのように解されているのか聞いてください」と竹内先生にお願いしたところ、「自分で質問せよ」といわれたが、とても修士課程の大学院生が質問できる雰囲気ではなかった。もちろん、通訳がついているので言葉の障害がないが、大先生方の中でさすがに強心臓の私も萎縮してしまったのである。

　この段階で、竹内先生も私も有限会社の特質について共通の認識に達していたのである。すなわち、有限会社の内部関係は合名会社のそれと同様であり、社員相互間には契約関係が認められる、という有限会社に関する会社法理である。この特質は、有限会社制度が廃止され特例有限会社として存続する「会社法」のもとでも引き継がれている、と考えるべきであろう。このように解するから、私は繰り返し「合同会社」は新たに創設する必要がまったくなかった会社形態であると現在でも主張し続けているのである。

❷　なぜ英米法に有限会社制度がないのか

　わが国では、LLC（Limited Liability Company）を「合同会社」として「会社法」で規定し、また、LLP（Limited Liability Partnership）を「有限責任事業組合」として「有限責任事業組合に関する法律」で規定するようになった。ここで問題なのは、これらの事業体は英米法を継受したものであるが、立法者は、これらの事業体と大陸法系の有限会社制度（GmbH;SARL）との差異・得失を詳細に検証した上で、あえて立法化したのであろうか。そもそも、何故、英米法には有限会社という会

社形態がないのか、不思議に思わなかったのであろうか、大いに疑念が残る点である。

　第19話で、鴻常夫先生の著書『有限会社法の研究』（文久書林、昭和47年）を紹介した。その中で東京大学商法研究会の実施した『有限会社の比較法的研究』に言及したが、その成果は『法学協会雑誌』に掲載され、鴻先生は、その「フランス法を中心とする考察」を分担された。ドイツ法については、喜多川篤典東京都立大学教授が分担され、『法学協会雑誌』に掲載された。私は、これをコピーして何度も読み返したものである。ところが、私の記憶に間違いがなければ、確か「英米法における考察」の予告が雑誌に掲載されており、矢沢惇東京大学教授がその担当者であったと思う。しかし、その前後の『法学協会雑誌』を探しても「矢沢論文」を発見することができず、ついに諦めてしまったのである。よくよく考えてみるならば、有限会社は大陸法系の国々が採用する会社形態であり、英米法系の国々が継受する会社形態ではないのである。然るに、私の記憶が正しくて英米法における有限会社の考察を本当に企画されていたならば、現時点の後知恵では無謀な企画としか思われないが、当時の事情を知らない者がいろいろ詮索することは差し控えたいと思う。

　なお、東京大学商法研究会の会員としては、北沢正啓名古屋大学教授が英米法研究の先達である。北沢先生は、特に英米会社法の研究に従事され、極めて貴重で、かつ、有名なL.C.B.Gowerの論文、"Some Contrasts Between British and American Corporation Law",Harvard Law Review,69,1369［June 1956］を訳出され、「商事法務研究（当時）」に発表された。この論文は、アメリカ会社法をもって英米会社法のすべてを理解したと思っている近時の若手研究者にとって最良の解毒剤である。Gowerの本論文は、"CORPORATIONS"と題して1966年にリプリントされた"HARVARD-LAW-REVIEW"の"SELECTED-ESSAYS"に所収されている。幸いにも、私は大学院に入ってすぐこの書物を入手できむしゃぶり読んだものである。北沢先生の翻訳文は、そのコピーが紛

失して困っていたが、この翻訳文は北沢先生の著作集『株式会社法研究Ⅲ』（平成9年、有斐閣、366頁～394頁）に所収され手軽に読めるようになった。

イギリスにおいては、1907年の会社法で私会社（Private Company）の制度が整備され、強いて言えば私会社制度が大陸法系の有限会社制度に相当するのであろうが、そのような理解に達するまでには、多くの先達の試行錯誤があったことを忘れることができないのである。現在でも、会社法の研究のためには、ドイツの有限会社（GMBH）、フランスの有限会社（SARL）およびイギリスの私会社（Private Company）について研究を怠ることができないのであり、「会社法」がアメリカの閉鎖会社法理を採用しなかったことは、結果的には賢明な判断であったといえるだろう。

❸　おわりに

これで全20話にわたる解説を終えるが、他の雑誌や書籍の会社法の解説と異なって、商法（会社法）改正をめぐる裏話やエピソードもかなりの程度盛り込んだ。私のオリジナルな連載を読んだ某編集者は、「これはエッセイですね」と批評した。このような批評に対して、私は以下のように応えたいと思う。「私は新『会社法』に関する逐条的な法解釈を行うのではなく、わが国の少なくとも私が知り得た昭和49年改正以降の日本商法（会社法）立法史の歴史的証言を交えて解説したのである。」と。

私が大学院修士課程に残る以前から、鈴木竹雄先生を頂点とする鈴木シューレがわが国の商法改正をリードしてきたことは誰も否定できない事実である。法制審議会商法部会長の座は、鈴木竹雄先生、竹内昭夫先生、前田庸先生と引き継がれ、鈴木シューレの全盛期であった。この事態の推移を、大学院に進学して以降会社法の研究者として冷静に観察していた私にとって、貴重な証言を「会社法」の制定・施行の機会に記録に留めておくことが必要ではないかと思い至ったまでのことである。

編集者紹介

コンパッソ税理士法人

　コンパッソ税理士法人は、「お客様の繁栄こそ私たちの喜び」をコンセプトに掲げ、専門家ならではの高精度なノウハウを開発提供していくことにより、変化への対応をサポートしていく活力に満ちた新しい集団です。私たちは広く社会の構成員たる自覚のもと、国家的・国際的視野を身につけることにより、クライアントの期待とニーズに応え、成長発展のために寄与することを使命とします。

設　立：2004年4月
資本金：880万円
社員数：コンパッソグループ150名（2008年10月現在）
所在地：

　コンパッソ税理士法人　東京事務所
　　〒150-0043　東京都渋谷区道玄坂2-10-10　世界堂ビル7F
　　　　　TEL 03-3476-2233（代）　FAX03-3476-5958
　　　　　URL：http://www.compasso.jp　e-mail：info@compasso.jp

　コンパッソ川崎
　　〒211-0067　川崎市中原区今井上町34　和田ビル4F
　　　　　TEL044-733-1101（代）　FAX 044-733-1102

　コンパッソ川越
　　〒350-1114　埼玉県川越市東田町15-10
　　　　　TEL 049-246-3571（代）　FAX 049-246-3199

　コンパッソ千葉流山
　　〒270-0111　千葉県流山市江戸川台東3-90-2
　　　　　TEL 04-7155-0050（代）　FAX 04-7154-3335

関連会社：コンパッソ財産コンサルタンツ　他9社

著者紹介

大野　正道（おおの　まさみち）
　1949年　富山県生まれ
　1972年　東京大学法学部卒業
　2008年　博士（法学）（筑波大学）
　筑波大学大学院教授、弁護士（第二東京弁護士会）
　非公開会社法研究会代表

コンパッソブックスNo.1
会社法創設と中小会社への影響 ―非公開会社法のやさしい解説―

平成20年10月15日　初版発行Ⓒ

編集者　コンパッソ税理士法人
著　者　大　野　正　道
発行者　富　高　克　典
発行所　株式会社　財経詳報社

　　〒103-0013　東京都中央区日本橋人形町1-1-6
　　電　話　03(3661)5266(代)
　　FAX　03(3661)5268
　　http://www.zaik.jp
　　振替口座　00170-8-26500
　　Printed in Japan 2008

落丁，乱丁はお取り替えいたします。印刷・製本　図書印刷株式会社
ISBN978-4-88177-500-4